内藤正典著

ヨーロッパとイスラーム

―共生は可能か―

岩波新書

905

目次

――ヨーロッパとイスラーム

序章
ヨーロッパ移民社会と文明の相克

アムステルダムの街角にて

文明の交流によって成立したヨーロッパ

近代ヨーロッパの文明はイスラーム文明との交流なくしては成立しなかった。今日、西洋的な知の体系と思われている哲学、自然科学、そして医学の源流は、古代のギリシャにあった。しかし、それらがギリシャから直接ヨーロッパに伝わったのではない。数学、医学、化学などの自然科学や哲学も、八世紀から九世紀にかけて、今日のイラクの首都バグダードにおいて、古代のギリシャ語やシリアの古い言葉からアラビア語に翻訳された。

バグダードに都をおいたイスラーム王朝、アッバース朝のカリフによって、ムスリム(イスラーム教徒)だけでなく、多くのキリスト教徒の学者も保護されて研究に邁進した。バグダードでは、九世紀初頭、カリフ・マアムーンが「知恵の館」という図書館と研究所を兼ねた機関を設立し、大がかりな翻訳事業をおこなった。それを基にバグダードでは、理論科学だけでなく医学や工学のような実学もまた独自の発展を遂げたのである。

それらの蓄積は、十二世紀になってヨーロッパに伝えられた。アリストテレス、ユークリッド、ヒポクラテス、プトレマイオスたちのような古代ギリシャの壮大な知の体系と、中世アラビア世界で独自の世界を切り拓いたイブン・シーナー（十世紀末—十一世紀初頭）やアル・フワーリズミー（九世紀前半）等の偉大な業績は、今日でいう中東・イスラーム世界からヨーロッパにもたらされたのである。

イブン・シーナーはヨーロッパ世界ではアビセンナの名で知られる医学者・哲学者であり、中世からルネサンスにかけて、彼の『医学典範』は主要な医学書であった。アル・フワーリズミーは、代数学の書を著し、二次方程式の解法を初めてヨーロッパに伝えた数学者・天文学者だが、彼の名前アル・フワーリズミーは、今日、英語の単語として残っている。コンピュータなどの計算法を意味するアルゴリズムである。

ヨーロッパはギリシャの科学や哲学を直接継承したのではない。イスラーム世界との大きな交流の末に、十二世紀に知の革新を遂げ、ルネサンスで古代ギリシャの知を再び開花させたのである。それが近代の科学革命へとつながり、西欧世界が科学技術で世界をリードする存在になる原動力となった。九世紀、アッバース朝のバグダードに「知恵の館」がなければ、今日の西欧文明はなかったかもしれない。

支配者となったヨーロッパ

科学技術の進歩は、ヨーロッパに富と力の集積をもたらした。だが、その後のヨーロッパ世界は、壮大な文明の交流の歴史を抹消し、イスラームという文明に対して傲慢な態度をとるようになる。そして十八世紀に入ると、ヨーロッパが自力でこの高度な文明を築いたという自己中心的な世界像を創り上げていった。

これと並行して、ヨーロッパの人びとのあいだには、もはや我々は神を必要としない、人間の理性と叡智によって、ものごとを理解できる、という啓蒙主義が芽生えていった。啓蒙主義は、ヨーロッパにとって、教会の権力からの解放と、神学からの解放、そして合理主義を発達させる原動力であった。だが、それは同時に、イスラームをはじめ異なる文明に対する優越感と差別の源泉でもあったのである。

つづく十九世紀から二十世紀にかけて、世界に比類ない政治的・経済的力を蓄えたヨーロッパとアメリカは、我こそが現代における文明の担い手であり指導者であるという認識を深めた。同時に、力で中東・イスラーム世界をはじめとする非西欧世界を支配し、西欧近代文明とその諸価値への従属を要求して今日に至っている。

パレスチナ問題やクルド問題などの領土・民族問題、石油資源に対する支配のような植民地支配に端を発する諸問題は、今日も中東・イスラーム世界の人びとに苦しみを与え続けている。直接の植民地支配が失敗に終わった二十世紀後半からは、イギリスやフランスに代わって中東の覇者となったアメリカが暴力的な干渉を続けている。パレスチナにおけるイスラエルの強引な入植と占領を支持しただけでなく、サッダーム・フセインのような独裁者を支援し、コントロールが利かなくなると、軍事力で打倒したのもアメリカであった。

二十世紀の末になると、不幸なことに、イスラーム文明世界と西欧文明世界との緊張は極度に高まった。両者はほとんど衝突の域に達している。直接には、九・一一をはじめとするイスラーム過激派によるテロや武力闘争、これに対するアフガニスタンやイラクでの戦争、悪化の一途をたどるパレスチナでの暴力が「衝突」を象徴している。政治的・軍事的衝突に焦点を当てるならば、アメリカという大国とイスラーム世界との対立に見える。しかしそれだけではない。アメリカのみならず、ヨーロッパを含めた西欧とイスラームという二つの巨大な文明世界のあいだに横たわる価値観と社会的規範の相違という「壁」に、西欧世界の側が苛立ちを強め、イスラームへの不信感が広がっていることが「衝突」と言うべき状況を創り出しているのである。

その背景には、西欧世界が、自分たちの文明は異文明との交流によってこそ開花したという歴史を書き換えてしまったことがある。西欧は独自の力によって、普遍的な価値体系を創造し、それを世界に広めたと思い込むようになった。勝者の奢りによる歴史の捏造というものは、いつの時代にも悲惨な結果をもたらすことに、現代の西欧世界はまだ気づいていない。

十字軍的イスラーム観の継承

ムスリムはキリスト教徒を敵視しなかったが、イスラーム王朝の支配下におくときには、庇護を与える見返りに人頭税の支払いを求めた。イスラームでは、この種の契約関係を不平等なものとは認識していない。必要経費を払って安全と一定の自由を享受するのだから、不平等とは感じていなかったのである。これが、イスラーム国家の支配下で、キリスト教徒やユダヤ教徒との、不平等ではあるが共存を可能にしたシステムである。

一方、キリスト教徒は、過去千年以上にわたってムスリムを敵視してきた。ヨーロッパの社会は、中東・イスラーム世界に対して、たえず恐怖と嫌悪を抱き続けてきた。この感情は近代よりはるかに以前からある。

キリスト教徒は、その誕生の地、エルサレムが中世のころにムスリムに支配されると、同胞が野蛮な異教徒に支配されているという妄想にとりつかれて十字軍を送り込んだ。聖地エルサレムにせよ、オスマン帝国統治下のバルカン半島にせよ、ムスリムによる統治は、今述べたように宗教の相違を承知のうえで共存を可能にするものだったが、キリスト教のヨーロッパは、それを理解しなかったし容認もしなかった。

そして中世の十字軍的な対イスラーム観は、いまもなお生き続けている。一九七九年のイラン革命以来、イスラーム脅威論はアメリカでもヨーロッパでも高揚している。二〇〇一年、九・一一同時多発テロ事件の後に、アメリカはアフガニスタンのタリバン政権がアル・カイダを匿っているとして戦争を仕掛けた。アメリカのブッシュ大統領は、この戦争を十字軍にたとえた。当初、作戦を「無限の正義(infinite justice)」と称したことにも、「聖戦」にたとえようとする意志が感じられる。イタリアのベルルスコーニ首相は、イスラームなど千四百年前に誕生した当時のままだと発言した。

今日のアメリカは、西洋文明のもつ「力」を、最もあらわな形で体現する国家である。一連の戦争を「文明」対「野蛮」の戦いととらえ、文明世界の一員となるのか、野蛮な世界の一員にとどまるのか、と世界に向けて恫喝する姿勢には、アメリカという国家が、西洋文明の巨大な力を背負っているという奢りが表われている。

移民の大地となったヨーロッパ

第二次世界大戦が終わったころから、多くのムスリムが、南アジア、中東そしてアフリカから移民としてヨーロッパに渡った。国境を超えた労働力の移動が始まったのである。こうして、ヨーロッパは、「ヨーロッパ人」の大地ではなくなった。このとき移民たちの多くが、かつて宗主国として支配した国に向かったのは、ヨーロッパ諸国にとって皮肉だった。宗主国をめざしたのは、植民地統治のおかげで英語やフランス語をある程度は話すことができたという言語上の利点と、植民地支配を歴史的に正当化するには宗主国側が受け入れに寛容にならざるを得なかったことによる。

移民を発生させた大きな理由は、独立後も思うような経済発展を実現できず、多くの失業者と貧困層を抱えてきた旧植民地とヨーロッパ先進国との格差にあった。地球規模での経済格差、つまり南北問題である。発展途上国の側からみれば、失業者や低所得層の人びとを先進国に「輸出」することによって、失業問題を緩和すると同時に、彼らの送金をあてにすることができた。

移民による送金は、彼らを送り出した国の貿易収支の赤字を十分に補塡するぐらい巨額になったが、最初から送り出し国がそのことを知っていたわけではない。送り出すようになってしばらくしてから、移民たち(そのころはまだ出稼ぎ労働者と呼ばれていた)が莫大な金を母国に送金していることに気づき、その後国を挙げて、送金をあてにするようになったのである。

一方、先進国であるヨーロッパ諸国の側からみれば、第二次大戦の戦後復興に必要な労働力を安く無尽蔵に調達できるという利点があった。戦争によって若い労働者が失われたことが労働力不足を招いた原因の一つだったが、ヨーロッパの復興が進むにつれて、次第に重労働や危険な仕事を厭う傾向がでてきたことも、海外からの移民受け入れに拍車をかけた。

さらに、北ヨーロッパの先進国では、早くから少子高齢化が進んでいた。ものを生産する現場では、合理化や機械化によって省力化することもできたが、人間にサービスを提供する部門は人手に頼らなければならない仕事がたくさんある。そのため、移民の労働力に依存する仕事は、今日もなお減ってはいない。

つまり、地球規模で発展途上国から先進国に労働者が移住するという現象は、送り出す国と受け入れる国の双方に理由があったから発生したのである。個々の人間に即して言うなら、外国に出かけてまで働こうとする人と外国人による労働の提供を受ける人、双方のニーズが合致したことになる。

イスラーム世界の一部としてのヨーロッパ

どれくらいのムスリムが、現実にヨーロッパに暮らしているかを示す統計はない。ヨーロッパで生まれた二世以降については、外国人の扱いをしていない国も多いため、正確な数を推測することは難しい。いくつかの例を示せば、フランスには四〇〇〜五〇〇万人のムスリムが住むといわれ、ヨーロッパで最も多い。ドイツにもトルコ出身者だけで二六〇万、全体で三〇〇万人を上回るムスリムがいるとされる。西ヨーロッパ全体では、一五〇〇万とも二〇〇〇万ともいわれている。

ベルリン、アムステルダム、パリ、そしてロンドンのような都市を訪問した実感にもとづいて言うと、大都市に暮らすムスリムは相当な比率に達している。スカーフやヴェールを着用する女性の数、モスクやマスジッド（イスラームの礼拝所）の数は、過去二十年のあいだに急増した。二〇〇四年にはドイツ全国で二三〇〇、ベルリン市内だけでも一五〇あまりのモスクやマスジッドがあった。

出身国からみると、フランスに移民したアルジェリア、チュニジア、モロッコ、セネガル、マリなどの出身者、イギリスに移民したバングラデシュ、パキスタン、インド（ヒンドゥー教徒以外にムスリムも多数いる）、アフリカのタンザニアやスーダン、エジプトからの人々、ドイツに移民したトルコやモロッコからの移民の多くはムスリムであった。オランダにはトルコ、モロッコ、インドネシア、スリナムからのムスリム移民がおり、スウェーデンやデンマークにもトルコ、イランなどからの人々がいる。オーストリアやスイスにもトルコ出身者が多い。

ヨーロッパ中に移民を送り出したトルコ

ムスリム移民たちのなかで、トルコ人については少し説明が必要である。トルコは、第一次大戦で前身のオスマン帝国が敗北し瓦解した。しかしそのさなかに、列強諸国に対する激しい抵抗運動が起こり、一九二三年には新生トルコ共和国が誕生した。したがって、ヨーロッパ諸国の植民地にはならなかったのである。

だが、建国後も豊富な労働力を吸収するだけの工業部門は発展せず、都市と農村との経済格差も残ってしまった。オスマン帝国時代以来、トルコのエーゲ海や黒海の沿岸部には貿易で発達した都市ができたが、他の地域は開発が遅れたまま取り残された。その結果、豊かな西部地方と貧しい東部地方、豊かな沿岸部と貧しい内陸部という地域的経済格差が拡大した。それが、一九六〇年代から、大規模な外国への出稼ぎ移民を送り出す原因となった。そして、特定の国の植民地にされなかったことから、広く、ヨーロッパ各国にトルコの人びとが移民したのである。

転機となった一九七三年

一九七三年、世界は第一次石油危機を経験した。高度成長を続けていた西ヨーロッパ諸国は、いずれも産油国ではなかったので大きな打撃を受け景気が後退した。そのため一九六〇年代から勢いに乗っていた移民受け入れを慌てて停止することになった。

しかし、移民の流れはきわめて大きく、しかも急激なものだった。一つの例を挙げれば、西ドイツが外国人労働者の募集を停止した一九七三年、すでにトルコ人労働者の数は百万人に達していたのである。

一九七三年という年は、ヨーロッパとイスラームとの関係を考える上でも転換点となった。

それまで、アジアやアフリカからヨーロッパに働きに行った人びとは、移民というよりは一時的な出稼ぎ労働者であり、多くが単身で働いていた。ヨーロッパの側も、安い賃金できつい仕事をしてくれる彼らを歓迎していた。移民が発生した初期の段階では、働いてお金を稼ぐことに労働者の関心は集中していた。単身で生活する彼らにとって、イスラームという宗教は、さほど重要な意味をもっていなかったのである。

この年、ヨーロッパ各国が相次いで外国人労働者の受け入れを停止したことで、彼らはパニックに陥った。ある者は母国に残してきた家族を呼び寄せることができないのではないかと心配した。またある者は、母国に戻ったら二度とヨーロッパに来られないのではないかと不安になった。

これらの不安は、実は杞憂に過ぎなかった。働いていた人たちの多くはまだ知らなかったのだが、西ヨーロッパ諸国は、ヨーロッパ人権規約に基づいて「家族の再統合」、つまり別れ別れになった家族が一緒に暮らすことを基本的人権として認めていたのである。つまり、すでに合法的に滞在している者は、「家族の追加的移住」を要求することができた。それを知ると、一斉に家族の呼び寄せがはじまった。

ムスリム移民社会の形成

景気の後退から失業者が増加することを恐れて、ヨーロッパ各国は労働者の受け入れを停止したが、すでに働いていた人たちの家族を受け入れざるをえなかった。家族を呼び寄せたということは、彼らが生活の拠点をヨーロッパに移すことを意味する。外国人たちは、出稼ぎの労働者から定住移民へと性格を変えることになったのである。こうしてヨーロッパに移民社会が形成された。

本音をいえば、ヨーロッパ諸国は、第一次石油危機をきっかけに、移民労働者を母国に送還したかった。景気の停滞によって失業率が上昇しているときに、移民の家族を受け入れるのは厳しい事態だったからである。しかし、彼らは受け入れ国と送り出した母国との間に交わされた協定に基づいて合法的に滞在し就労していたため、受け入れ国側の事情だけで一方的に送還することはできなかった。かつての宗主国といえども、二十世紀後半の世界において、そのような強権的な措置をとれなかったのである。そして送り出していた国の側もまた、石油危機によっていっそう深刻な打撃を受けていたから、ヨーロッパから労働者が帰国することを望まなかった。

移民には、多くのムスリムが存在したので、ヨーロッパ社会はイスラーム社会を内包することになった。ムスリムは、単身で生活するときよりも、家族で暮らすときの方が、はるかにイスラーム的規範や価値に敏感になる。イスラームでは、信徒共同体の統一性をたいへん重んじるのだが、その共同体の基礎は家族にあると意識しているからである。

ヨーロッパには、イスラームが禁じる酒や売春、そして麻薬にいたるまで、あらゆる欲望が渦巻いている。労働者たちは、自分たちだけならいざしらず、配偶者や子どもがイスラームの道を踏み外すことに恐怖を覚えた。そこで、イスラームの信仰実践に熱心になっていき、同じ思いを抱く信徒どうしの結合が促進されたのである。

移民に対する嫌悪のはじまり

労働者の受け入れを停止してすぐに、西ヨーロッパは低成長・高失業の時代に入った。そこに移民たちが家族で定住を開始したため、教育や社会福祉のコストが増大した。こうして第一次石油危機以降、移民はホスト社会(=受け入れ国社会)にとって「やっかいな存在」とみなされるようになった。最初の敵意は、移民によって職場を奪われたホスト社会の労働者から向けられた。

だが、同国人の労働者を切り捨てて移民労働者を雇用したのは、ホスト社会の企業であったことを忘れてはならない。景気の低迷によって、より安価な労働力を欲しかった雇用主が、同国人よりも安い賃金で働く移民労働者を雇ったのである。この傾向は、清掃、ごみの収集、製造部門での単純労働、建設部門など労働集約的な部門において顕著だった。

無言で清掃をする仕事に、なにも賃金の高いドイツ人やフランス人を雇う必然性はなかった。トルコ人やアルジェリア人がいくらでも安く働いてくれたからである。家族の再統合のために「追加的移住」を認められた配偶者や、早期に教育からドロップアウトした若者も安い賃金で雇用できる豊富な人材を提供するようになった。

移民労働者は、景気の調節弁だとよく言われた。景気が良くなれば、どんどん労働力を供給してくれるし、景気が悪くなれば、簡単に解雇できるし、安い賃金でも我慢して働いてくれる。ホスト側のヨーロッパ諸国の企業にとっては、実は、はなはだ都合の良い存在であったということを忘れてはならない。

追い詰められた移民

景気が後退すると、たえず失業の危機にさらされてきたのは移民たちであった。実際、多くの国で移民の失業率は国内の平均よりも高い。彼らのなかには、見えない将来に嫌気がさして自暴自棄に陥る、麻薬などの快楽に逃避したあげく、金銭に困って犯罪におよぶ、観光客や金持ちからバッグや財布を奪い取るなどという行為に走る者も出る一方、監視を強化する警察の差別的扱いに抗議して暴動を起こす者もいた。

夢を実現できないことへの苛立ちと絶望、精神的安息を得られないことによる現実からの逃避は、福祉国家を自認するヨーロッパ諸国のなかで、移民たちが経済的、社会的、そして精神的に追い詰められた結果ということができる。

このような問題は、発展途上国から移住したすべての移民に共通する。もちろん、移民たち自身の状況も年々変化を遂げつつある。いつまでも、みなが底辺にとどまっているわけではない。経済的・社会的地位の上昇は、ゆっくりとではあるが移民社会でも実現されている。最初は労働者として働き、後に実業家として成功した人もいれば、移民二世のなかから国会議員になった人もいる。

だが、ホスト社会と同じように、移民があらゆる階層に散らばったと言えるかというなら、いまだにそうではない。いまだに底辺層に多くの人びとが滞留している点は、移民社会に共通する問題である。

同化しないムスリムへの苛立ち

家族とともに定住したことによって形成されたムスリム移民社会は、ホスト側のヨーロッパ社会に同化していかなかった。それは、彼らがホスト社会の人びとと対等に処遇されなかったことと無関係ではない。さまざまな困難に直面する彼らにとって、イスラームの信仰は、安らぎとアイデンティティを与えてくれたのである。

彼らはヨーロッパ社会のなかで、ムスリムであることを隠そうとはしなくなった。集団礼拝に集まり、顎鬚《あごひげ》を伸ばし、スカーフやヴェールを着用して歩く姿が目立つようになっていく。ムスリムとして生きるうえで必要な権利をヨーロッパ各国に求める動きもでてきた。しかし、この変化は、ヨーロッパ各国の社会を苛立たせる結果となった。

ヨーロッパのホスト社会にとって、移民は貧しい母国から働きにきた憐れな存在なら許すことができた。「遅れた社会」から先進的なヨーロッパに来て、自分たちを見習ってくれるなら我慢できた。だが、ムスリム移民は、ヨーロッパ社会のなかに、見習うべきものと忌避すべきものをはっきりと分けていった。ヨーロッパは、これをイスラームによる挑戦と受け止めたのである。

急増した難民と「不法移民」

冷戦の終焉とともに、世界各地で多発するようになった民族紛争の結果、多くの難民がヨーロッパ諸国をめざした。九〇年代の半ばまで、かつて社会主義体制にあった東欧諸国からEU諸国に入ろうとする多くの人びとがいた。旧ユーゴスラヴィアの内戦は、多くの難民を発生させた。フセイン政権下で迫害されたクルド人は、湾岸戦争後の報復で再び故郷を追われた。最近では、北アフリカからジブラルタル海峡を越えてスペインへ渡る人たち、アルバニアからイタリアをめざす人たちなど、多くの「不法移民」が流入するようになった。

不法移民というのは正規の就労許可や滞在許可を持たない移民のことである。だが、この定義は受け入れ国側のものであって、当人たちにしてみれば、母国にいても貧困から逃れられない、あるいは政治的迫害を受けて、西ヨーロッパに逃れたケースも少なくない。実際に、彼らが保護の対象となる「難民」なのか、「不法移民」なのかを判別することは、きわめて困難である。

ヨーロッパの周囲には、西アジアから北アフリカ、そして西アフリカにかけてイスラーム圏が広がっている。結果として、こうした不法滞在者や就労者のなかにも、多くのムスリムが含まれることになった。

イスラーム脅威論と九・一一の衝撃

現代のヨーロッパにおけるイスラームとの関係は、以上に述べたような「ホスト社会と移民との関係」の枠組みによって強い影響を受けている。だが、それだけではない。冷戦が終わる頃から、イスラーム脅威論が欧米諸国に蔓延しはじめた。

一九七九年のイラン・イスラーム革命によって親米的な王政が打倒され、アメリカ大使館が占拠されたことによって欧米諸国の反イスラーム感情は急速に高まっていた。保守派を中心に、アメリカでは大統領候補からジャーナリストにいたるまで、イスラーム脅威論の支持者が多かったが、イギリスやフランスの政治家たちも、イスラームを共産主義に替わる脅威だと発言するようになった。

実際、一九八〇年代から今にいたる二十数年間のあいだに、世界各地での紛争、抵抗運動、テロにイスラーム教徒が関わる事例は急増した。単にイスラーム教徒であるというだけでなく、イスラーム的な公正や正義の実現のためと称して暴力に訴える組織も登場するようになった。

そして二〇〇一年九月十一日の同時多発テロ事件は、ヨーロッパ社会とムスリム移民との関係をかつてないほどに悪化させた。イスラームの脅威や「文明間の衝突」を声高に唱える政治家はヨーロッパでも増え、それが結果として隣人であるムスリム移民への反感を増幅していった。

しかしイスラーム脅威論に即して言えば、現実に起きている衝突や紛争がイスラームという宗教に内在する原因によるものであるのか、それとも、イスラーム教徒と他者との相関的な関係に原因があるのかを検討しなければならない。

文明どうしは衝突するわけでもないし、対話するわけでもない。衝突も対話も、人間どうしのあいだにしか発生しないのは自明のことであろう。自明であるにもかかわらず、今日、「文明間の衝突」という表現が使われるには理由がある。実際には、人間どうしの摩擦や対立が、いつしか国家によって、異なる文明を排除する言説に仕立てられていくのである。異なる文明に対して法の規制をかけることや、場合によっては軍事力の行使による敵対的な行動にさえ発展することを、私たちはすでに、日々、経験している。

本書では、イスラームと西洋が同じ空間を共有している現代ヨーロッパからいくつかの国をとりあげ、日常的な生活において、両者のあいだの亀裂がどのように生まれ、なぜ、衝突というべき状況にまで拡大してきたのかを現実に即して解明していきたい。そのうえで、衝突を回避するための知恵とは何であるのかを、可能な限り現実的なレベルで提示していくことにする。

Ⅰ章
内と外を隔てる壁とはなにか
―ドイツ―

移民たちで賑わうベルリン，クロイツベルクの市場

1　リトル・イスタンブルの人びと

ベルリンの異文化空間

ドイツの首都ベルリン。都市を東西に走る市営地下鉄U《ウー》バーンの一号線に乗る。かつての西ベルリン側の中心部にある目抜き通りをクーダム（正確にはクアフュルステンダム）という。老舗のデパートKDW《カーデーヴェー》のすぐ隣にあるヴィッテンベルガープラッツ駅から東方向に乗り、十五分もするとコトブッサ・トアという駅につく。乗降客の大半はトルコ系の移民たちである。階段を下りてから地下道を通って駅前広場に上がると、そこにはトルコの街並が現れる。

目の前には八百屋の屋台が並んでいる。あたりを見回してみる。ドイツ語表示よりもトルコ語表示の看板のほうがはるかに多い。駅からまっすぐ伸びるアーダルベルト通りを旧東ベルリン方向に歩いてみよう。かつてはものの十分で「壁」に突き当たった。ここは西ベルリンの端に位置していたのである。道の両側には、トルコの銀行、モスク、トルコ音楽のCD屋、新聞や雑誌を売る小さな雑貨店、パン屋、トルコ料理に欠かせない野菜やイスラーム教徒用のハラール(「許されている」の意味)食品を売る店などが並んでいる。

ベルリンの壁と外国人労働者

統一以前の西ドイツ(ドイツ連邦共和国)は、第二次世界大戦後の復興に際して、深刻な労働力不足に直面した。若い働き手を戦争で失ったことに加え、冷戦の時代に入って、ドイツ自体が東西に分断されてしまったからである。西ドイツは、戦後しばらく、東ドイツ(ドイツ民主共和国)やポーランドからの労働力に頼ろうとしたが、一九六一年にベルリンの壁が築かれると、東欧の社会主義諸国からの労働者の移動は不可能になった。東欧諸国は、「鉄のカーテン」によって閉ざされることになったのである。

労働者不足を補ったのが、地中海沿岸諸国からの出稼ぎ労働者であった。工業開発が遅れ労働力が余っていたスペイン、ギリシャ、ポルトガル、イタリア、社会主義圏にあって唯一西側に門戸を開いていたユーゴスラヴィア、そしてトルコから働きに来た人びとだった。

一九六一年という年は、西ドイツのみならずトルコにとっても重要な年である。この年に両国は雇用双務協定を締結し、大規模な移民がトルコから西ドイツに向かうことになった。西ドイツ政府は、イタリア、ユーゴスラヴィア、ポルトガル、スペイン、ギリシャなどの国々とも協定をむすんで労働者をリクルートすることにした。一方のトルコもまた、オランダ、スウェーデン、ベルギー、フランスなどと協定を結んで労働者を送り出していった。

現在のベルリン市の西半分――旧西ベルリン市は第二次大戦後、連合軍のうち米・英・仏の軍隊が駐留したまま西ドイツに帰属することになった。東ドイツ領内にある西ドイツの飛び地となったのである。東ベルリンは東ドイツの首都となったが、ソ連軍が駐留し続けた。そして、「壁」によって東ベルリンと遮断されたことで、西ベルリンはさらに孤立した。

西ドイツは首都をボンに移したが、西ベルリンは自由主義陣営の砦として、冷戦と分断の悲劇を象徴する存在となった。西ドイツ政府は、孤立した西ベルリンの産業を強力に支援してきた。限られた空間のなかに、電気や機械メーカーの工場が集中し、西側世界の繁栄を強調したが、西ベルリン市民だけでは、必要な労働力をまかなうことはできなかった。そこでトルコをはじめ多くの国からの労働者が、大小さまざまな工場に歓迎の拍手と共に迎えられたのである。

旧西ドイツ全体でみると、北のハンブルクや南のシュツットガルト、そしてルール地方の大工業地帯があるノルトライン・ヴェストファーレン州に外国人労働者が集中した。ルール地方には、ライン川の河川交通を利用して、鉄鋼、機械、重化学工業などが立地しており、ケルンやデュイスブルクには、多くのトルコ出身者が働くようになった。

二〇〇三年の時点で、トルコ国籍保有者は、ドイツ全国でおよそ二六〇万人、ベルリン市には十二万人が居住していた(外国人は四十四万人)。ベルリンは最も多くのトルコ系移民が暮ら

ベルリン市各区の外国人居住者の割合(%)

す都市である。宗教からみれば彼らのほとんどはムスリム(イスラーム教徒)である。

だが、トルコ国籍をもつ移民のすべてがトルコ人というわけではない。クルド人たちもいる。その意味では、ドイツにはトルコ人が多いという言い方は正確ではない。トルコ系移民は母国のトルコ国民化教育のせいで、クルド人でもトルコ語を話す人は多い。しかし、彼らの母語はトルコ語とは系統の異なるクルド語であり、クルド人としての民族意識をもっている。本書でトルコ系移民と記しているのは、トルコ出身者の意味であって、民族的なトルコ人だけを示すものではない。

パラボラ・アンテナによって結ばれる母国

リトル・イスタンブルとよばれるコトブッサ・トア駅の一帯はクロイツベルク区に属している。トルコ系移民が集中する地区の一つである。ベルリンでは、クロイツベルク以外にも、ヴェディンク、ノイケルンなどいくつかの地区に移民が集中しており、人口の二〇%から三〇%を外国籍の人が占めている。そのなかで最も多いのがトルコ系移民である。

住宅街の古いアパートを見上げると、窓からスカーフを被った女性が顔を出している。アパートの窓という窓には、衛星放送のパラボラ・アンテナが取り付けられていて、それがみな同じ方角を向いている。トルコの衛星を通じて送られてくる放送を受信するためである。

ドイツでは、トルコ本国で放送するほとんどのチャンネルを衛星放送で視聴することができる。そのため、この十年間ぐらいのあいだに、ドイツ語放送よりもトルコ語放送を見る人が増え、トルコ語放送を見る時間も長くなった。

その結果、就学前の子どもたちがドイツ語に触れる時間は減少した。ベルリンにかぎらず、ドイツの場合、外国人は特定の地区に集中する傾向が強い。街区そのものが小さなトルコ系移民社会を形成しているので、そこにいる限り、ドイツ語を話す必要がほとんどない。

ドイツの幼稚園に通っていれば、ドイツ語を学ぶ最初のきっかけになる。しかし、費用がかかるうえに、キリスト教会が運営する所が多い幼稚園に通わせる親は多くなかった。家では親

トルコ人の食料品店，クロイツベルク

子の会話はトルコ語、日常的に流れているテレビの音声もトルコ語ということになると、いよいよ、子どもたちはドイツ語から遠ざかってしまう。

子どもたちだけではない。母親が結婚のために母国トルコから移住したケースは少なくない。彼女たちもドイツ語の教育を受ける機会をのがしやすい。すぐに家庭に入り、子どもが生まれると育児のために家から出ることが難しい。ドイツの自治体には、定住外国人が無料でドイツ語教育や職業訓練を受けられる制度があるのだが、結婚のために移住した女性がドイツ語を習得する率は低かった。

衛星放送のパラボラ・アンテナがみな同じ方向を向いて林立しているのを見ていると、私は複雑な思いにとらわれる。メディアの技術革新が、母国トルコとヨーロッパの距離を近づけたことは間違いない。しかしその結果、ヨーロッパ在住のトルコ系移民とドイツ社会の心理的・文化的距離は、逆に遠くなってしまったからである。

「トルコ人ゲットー」という呼び名

クロイツベルクのようにトルコ系移民が集中する地区を日本語では移民街という。ドイツでは、これを「トルコ人ゲットー」と呼ぶことがある。トルコ系移民はこの呼び名を嫌う。彼らが「トルコ人街」と呼んだり、トルコ語でキュチュク・イスタンブル(リトル・イスタンブル)と言うことはあるが、低所得層が多い地区であるため、誇らしく思っているわけではない。

「トルコ人ゲットー」という表現は、ナチス時代のユダヤ人ゲットーを思い起こさせるから、ドイツの人がトルコ系移民をゲットーに押し込めてしまえと公言することはない。しかし、眉をひそめて、トルコ系移民が多すぎると不満を述べるときにゲットーという言葉が使われてきたのも事実である。固まって暮らしていることへの違和感、ドイツ社会に馴染まないことへの苛立ち、何をしているのかわからないという警戒感を抱くドイツ人は少なくない。

トルコ系移民が、特定の地区に集中して住んでいると、ドイツ社会への統合を妨げることになるという主張は間違っていない。だが、ドイツ側からのゲットーへの不快感には、移民社会の側からの視点が抜け落ちている。移民たちは、必ずしも自分の意思で固まって暮らしてきたわけではない。リトル・イスタンブル以外に、自分たちの居場所を見つけることは困難だったのである。

移民街は、いかにして成立したのか

この地区にトルコ系移民が住み始めたのは、一九六〇年代のことであった。当時、西ベルリンの端、ベルリンの壁沿いにあったこの地区は、戦前からの古い建物が残る老朽化した町工場と集合住宅から成り立っていた。建物全体の集中暖房がなく、トイレも階段の踊り場にあるような老朽化した住宅は家賃が安かった。だから「外国人労働者」としてやってきたトルコ出身者が暮らすようになったのである。彼らは、快適な生活よりも、貯蓄と母国への送金に一生懸命だったから住環境は二の次であった。

彼らが集住するようになった基本的な原因は、家賃が安い地区に住まいを求めたからにほかならない。家族とともに定住するようになった後も、彼らは気心の知れた仲間が多いこの地区に住みつづけた。家族が定住し始めたのは、ドイツ経済が低成長・高失業の時代に入った一九七〇年代のことだった。序章で述べたように、一九七三年、第一次石油危機の発生とともに低成長・高失業の時代に入ったドイツは、外国人労働者の募集を停止した。その後に、「家族の再統合」の権利を行使して、母国から家族の追加的移住が一斉に始まった。

移民を閉じ込めた排外主義

失業者の増加に直面していたドイツ社会からは、「できれば帰国してもらえないか」という声があがるようになった。移民が歓迎されなくなった時期に、家族とともに定住しはじめ、集住が一層進んだのである。

移民労働者と職場が競合していたドイツ人には、低賃金でも働く外国人労働者の存在は目障りなものであった。彼らの中から外国人憎悪の声があがり、それをネオ・ナチと呼ばれるナチス礼賛勢力が取り込んでいくことになった。第二次世界大戦後の西ドイツでは、ユダヤ人虐殺と迫害への反省から、外国人の排斥は禁止されてきた。ナチスの影を徹底的に払拭することは、戦後西ドイツの民主化の試金石だった。

だが、高度成長と完全雇用の時代が第一次石油危機とともに終わりを告げると、再び外国人に対して敵意を抱く人びとが増えていった。排外主義を唱える人は、好景気のときには減少し、不景気になると増加する。表立って外国人に出て行けと主張することは憲法上許されない。市民のあいだにはフラストレーションがたまっていった。

極右政党は、しばしばあからさまに排外的な主張をして憲法裁判所によって閉鎖に追い込まれた。一方、右派政党はストレートな表現を避けつつ、国民の間に鬱積する外国人への不満を吸いあげようとしてきた。外国人の増加によって治安が悪化する。外国人の増加によってドイツ固有の文化が失われる。外国人が集住することでドイツ社会への統合が進まない――これらは、直接的に「出て行け」とは言わないものの、巧妙に排外主義を煽るために右派政党が繰返してきた主張である。

移民の存在を快く思わない人びとは、帰国させることができないのなら、せめて自分たちの目につく場所には暮らさず、移民街に閉じこもってくれることを望んだ。日常的に嫌悪を募らせずにすむからである。ドイツ社会には、一方でゲットー化は社会統合を妨げるという批判があり、他方では、見たくないものを見ずにすますためにゲットー化を容認するという矛盾があったのである。

「ゲットー化」は好ましくない、だが…

ドイツ社会に生きていくのだから、ドイツ社会に共有される価値観や規範を受け入れ、ドイツ語を学び、ドイツの文化にも親しんで欲しいと考えるドイツ人は多い。トルコ系移民は、孤立して暮らすのではなく、ドイツ人のなかに入って暮らしていくべきだと主張するのである。

だが、当の移民たちは、トルコ人街を出ていくことができなかった。現実の問題として、他の地区では、住民の反対があって集合住宅に入居することが難しかった。理由はいろいろある。トルコ系の人たちは、週末になると友達や親戚が集まって遅くまで談笑することを楽しみにする。しかし、深夜まで騒々しくすることを嫌うドイツ人は少なくない。トルコ系移民はにおいの強い香辛料、とくにニンニクを料理に多用するから、建物中にそのにおいが充満して不愉快だ。子どもが多くて騒々しい。街頭にたむろしているのが気味悪い。これらはドイツ人がしばしば口にする不満である。

トルコ系移民の側も、それなら、住環境は悪くても、家賃の安い移民街に住み続けたほうが、ずっと気が楽だということになった。母語で話せる相手が周囲にいる環境は快適であったし、トルコ語しか話せない移民にとって集住は好都合であった。トルコ系移民が集中するにつれて、ムスリムである彼らに必要なモスク、食料品や生活必需品を売る店も増えていく。生活の利便性という観点からは、集住が進めば進むほど快適な生活を送ることができるのである。

帰国か、永住か

家族と共に定住した後も、実は、多くの人が生涯ドイツで暮らそうとは考えていなかった。何年か働いて母国に送金し、父母のために土地を買った。家を新築した。彼ら自身も、憧れのドイツ車を買った。なかでも、メルセデス・ベンツは中古でも強い人気があり、メルセデスに荷物を満載して故郷に帰ることは、トルコ系移民にとって、文字通り故郷に錦を飾ることだった。さらに働いて、イスタンブルのような大都市に家を買ったり、集合住宅を建設する者もできた。

彼らは段階的に夢を実現し、さらなる夢を追求してきた。そのため、いつ帰国するのかは、彼ら自身にとって悩ましい問題であった。子どもが成長し、結婚する時期になった一九八〇年代後半から九〇年代にかけて、一世たちはようやく永住を決断するようになった。子どもは、もはや帰るべき故郷をもっていない。そのうえトルコ経済は、成長を続けてはいたが、年率一〇〇%近いインフレが続いていた。

この状況では、ドイツ側で収入を得て、トルコ側で投資するか消費する方が、はるかに豊かな生活が可能であった。それに、一度トルコに永住帰国してしまうとドイツでの長期滞在権を失う。そろそろ退職年齢に近づきつつあった一世たちは、ドイツに税金や社会保険料を納めながら働き続けてきた。心情的には祖国に帰りたかったのだが、老後の社会保障や医療制度が充実しているドイツを離れる決心がつかなかったのである。

二世の教育問題と結婚

一世が停年退職するころ、子どもたちが結婚する年齢に達した。母国の経済が好転していなかったこともあって、多くの子どもたちは帰国を望まなかった。親たちは、子どもの配偶者を郷里の親戚や知人から選ぼうとした。ドイツで育った若者たちが、「ドイツ人化」しているのではないかと危惧したからである。ドイツ人化とは、個人主義的で冷淡、家族の一体性を大切にしないことを意味する。ステレオタイプ化されたドイツ人観だが、移民街で暮らしてきた彼らは、ドイツ人のあいだの多様な価値観を知らなかった。

二世の多くは高学歴に達しなかった。ドイツの教育制度では、初等教育を終えるとオリエンテーション段階の一年をへて、中高一貫の中等教育に進む。この段階で、基礎教育を中心とする基幹学校(ハウプトシューレ)、技能教育と知育とを並存させる実科学校(レアルシューレ)、大学などへの進学をめざすギムナジウムなどに分かれる。基幹学校から大学へ進学することも可能ではあるのだが、中等教育の段階で、将来の進路がおおむね別れる構造になっている。

二世の若者たちの多くは、基幹学校卒業または中退が多く、実科学校までいければ成功した方だった。ギムナジウム進学者は九〇年代の初めまで数パーセントにとどまっていた。女性の場合には、共稼ぎの両親が家で弟妹の面倒を見るように求めたり、早く結婚させることを望む傾向があって、学校を途中で退学するケースが多い。そのため、男性よりも低学歴にとどまっていた。

若い男性たちにも、自分よりドイツ語ができて、ドイツ社会に適応した二世の女性との結婚を好まない傾向があった。すでにドイツ社会でコンプレックスにさいなまれていた男たちは、家庭の中で家父長的に振舞うことを願っていた。彼らは、親の希望どおり、母国トルコから教育レベルの高くない配偶者を迎える選択をしたのである。

突然、異郷の地にやってくる花嫁や花婿にとって、クロイツベルクのような移民街の存在は、ありがたいものだった。母語で生活することができ、必要な食材や生活物資を得られることは、環境の激変によるストレスを緩和してくれた。こうして、クロイツベルクは世代が交代しても、移民が集中しつづけることになったのである。

移民が低学歴にとどまる問題は、三世にいたって改善の方向を見せてはいる。しかし、二世の配偶者が、母国トルコから何の予備知識も持たないまま、結婚のためにドイツに移住した場合には、状況はまったく改善されない。ドイツ語を解さない母親は、就学前の子どものドイツ語教育には何の貢献もできないからである。

ドイツに暮らしていれば、街や仕事場で交わすぐらいのドイツ語会話を習得することはできる。しかし、ドイツ語という言語は、精密な文法構造をもつため、正確に文法を習わないと、読み書きはできない。街で覚えたドイツ語では、移民が経済的・社会的に上昇していくうえで必要なディプロマ(資格や学位)を得るには何の役にも立たなかった。

再開発から取り残された移民街

一九八九年十一月、ベルリンの壁は市民の手によって崩壊した。十二月には、東西ベルリン市民がブランデンブルク門によじ登り、壁の崩壊に歓喜するという、あの有名なシーンが実現した。それから十余年、西ベルリンと東ベルリンを歩いて行き来できた唯一の国境検問所チェックポイント・チャーリーがあったフリードリッヒ・シュトラーセ(通り)に、昔日の面影はない。道の両側には大きなショッピングセンターやベルリン随一のブランドショップが林立し、賑やかで明るい街へと変貌を遂げた。

このチェックポイント・チャーリーは、クロイツベルク区のトルコ系移民街のすぐ近くにある。旧西ベルリンのはずれにあり、かつてベルリンの壁に隣接していたクロイツベルクの一帯は、東西ベルリン統一の後、統合ベルリンの中心部に位置するようになったのである。統一の直後、トルコ人たちは、この地区にも再開発の波が押し寄せることを予想し、地価の高騰によって立ち退きを迫られるのではないかと案じていた。

しかし、統一から十数年をへて、クロイツベルクの住民に占める外国人の比率は、むしろ高まっている。クロイツベルクのある小学校では、二〇〇三年、ついに最後のドイツ人が別の学校に転校し、生徒全員が外国人となったことが話題になった。

旧西ベルリン側の郊外は高級住宅街で、トルコ人たちが移転する余地はなかった。旧東ベルリン側は地価も家賃も安かったのだが、旧東ドイツ市民による外国人襲撃事件があいついだため、トルコ人は怖がって東側には移ろうとしなかった。統一後、財政難にあえぐベルリン市は、移民街を解体して再開発し、移民たちの住宅を建設するコストを負担できない。こうして、リトル・イスタンブルは、「ゲットー」のまま残ったのである。

2　移民たちにとってのヨーロッパ

成功しても「ドイツ人」にはなれない

ベルリンでのフィールドワークをはじめたころ、トルコ系移民として、もっとも成功を収めた実業家の一人、カヤ・トゥールオウルと知り合った。彼は一九六〇年代の終わりに、黒海地方の都市ゾングルダクからドイツに渡った。当時十九歳だった彼は、ドイツ製の高級車に憧れていた。トルコにいては一生かかっても買えない値段であることを知った彼は、勇躍ドイツに渡り、金を稼いでスポーツカーを乗り回し、若い女の子にもてたかったと言う。若い移民にはよくある動機だった。

彼は、窓枠にはめるガラス板の加工をする街のガラス工場に労働者として勤めた。その仕事

新築したオフィス兼自宅でのカヤ・トゥールオウル

について何の知識もなかったし、希望した仕事でもなかった。彼の目的は、とにかく金を貯めてあこがれの車を買うことだけだった。

そのうち、彼はドイツ語をきちんと学ばないと、この社会では生きていけないことを痛いほど知った。仕事の後にドイツ語学校に通い、職場では見習い工から熟練工、そしてガラス工芸のマイスター資格を取得するまでに努力を続けた。

工場で働いているあいだ、同僚は、一度たりとも、彼の名前を呼ばなかった。「そこのトルコ人」と呼び続けられたことが、この社会で一段ずつ階段を上がっていくときの原動力であったとカヤは言う。

その後彼は、トルコ人が集中するクロイツベルク地区で独立し、割れたガラスの修理や窓枠の製造を請け負う店を開いた。同じように移民としてドイツに渡った妻とふたりで懸命に働いて、小さいながら工場を立ち上げ、窓枠の生産をはじめた。それが現在では従業員六〇人以上を数える中堅企業に育ち、ロシアや東欧にも輸出するようになった。今の工場は、トルコ人労働者が多く暮らすノイケルン地区にある。

しかし彼の工場に働く人びとにトルコ人は少ない。労働者として一定の技能を持つなら、ドイツ人であろうとトルコ人であろうとかまわないと彼は言う。彼はトルコ民族主義を強調しない。実際、ドイツの企業家として成功しているのであって、トルコ本国とはほとんど関係を持っていない。私は非常に直截な質問をした。

「これだけドイツに長いことといて成功したあなたは、ドイツ人になれたと思いますか？」

彼の答えは明快なものだった。

「仕事をドイツでしている以上、ドイツの市場経済から労働慣行まで熟知している。その意味で私は文字通りドイツの実業家だ。だが、ドイツ人と親友になれるかというのなら、決してなれない。ドイツ人になれるかと問われるなら、絶対になれないと答えざるをえない。」

そのわけをたずねると、原因は枚挙にいとまがないと言う。彼が挙げた例を一つだけ記しておこう。もはやドイツに根を下ろしてビジネスをしているのに、ドイツ人ビジネスパートナーは、今でも彼に「ところでいつトルコに帰るのか？」と尋ねる。

世代が代わってもガストアルバイター

政治家、メディア、一般市民を問わず、ドイツでは、移民のことを「ガストアルバイター」と呼びつづけた。ドイツ語でGastarbeiterと書くのだが、ガストとはゲスト、アルバイターは労働者を意味する。ゲストにはお客さんという意味もあるが、この場合は少しニュアンスが異なる。テレビ番組でレギュラーの出演者に対して、一回だけ登場する出演者を「本日のゲスト」というが、その意味に近い。つまり、恒常的、永続的に参加している仲間ではなく、「一時的に」参加している人間を指している。

したがって、ガストアルバイターというのは、一時的に滞在する労働者の意味である。ドイツ側は、戦後復興のための労働力不足を解消するために外国人を招いたが、彼らが定住するとは考えていなかったので、ガストアルバイターという呼び名を彼らに当てた。その段階では、この用語が差別的なものとは言えなかった。

ところが、彼らが永住することになっても、ドイツ側には共に社会を構成するメンバーだという意識は芽生えなかった。ドイツ社会には、異質な民族を同じ社会の一員とみなす発想は希薄だったのである。ドイツ側はいつまでもガストアルバイターという言葉を使い続け、長いこと住んでいる移民たちは、ガストアルバイターと呼ばれることに、疎外感と差別感を抱くようになった。

「うち」と「そと」の峻別

カヤ・トゥールオウルは、ドイツに居を定め、仕事をする実業家である。したがって、論理的に考えれば、もはや「ガスト」でも「アルバイター」でもないのだが、それでもドイツ社会は、いまだにガストアルバイターとみなしてしまう。この頑なさは、ドイツ社会に特徴的な「内と外の峻別」をよく表わしている。

最近になって、ドイツ政府は彼らをアウスレンディッシェ・ミトビュルガー(ausländische Mitbürger)と呼びはじめた。アウスレンディッシェは「外国人の」、ミトビュルガーというのは、「共に構成する市民」を意味する。カヤは笑いながら言った。「なぜ、なおも頭に「外国人」と断り書きをつけたうえに、ただのビュルガー(市民)ならまだしも、「共に構成する」という接頭辞をつけるのかね。」

彼は、ドイツ社会が精緻な概念規定によって、「内なるドイツ人」と「外人たる移民」を峻別する思考に愛想がつきたと言う。彼は、かつて西ベルリンの中心街にちかい高級住宅街にマンションを持っていた。さすがに、管理組合も実業家として成功した彼を「トルコ人だから」と拒絶することはなかった。身なりも高級住宅街の住民と同じだし、高級車を所有し、流暢にドイツ語を話し、ドイツ人と接しているときにはドイツ人流にすることを十分にわきまえた人物である。

だが、その彼でさえ、その高級住宅街から出て、トルコ系移民の多いノイケルンに引っ越してしまった。工場の規模を拡大し、オフィスを新設した時に自宅も移したのである。彼にとって、ドイツ人に囲まれて暮らしても、もはや得るものはなかった。

「少なくとも友人たるには、相手を知り、相手が何を考えているかを洞察する能力が必要だろう。分かりやすく言えば、他者への思いやりといってもよい。ドイツ人にそういう能力が欠けているとは言わない。だが、この能力は相手がトルコ人の場合には働かない——それがドイツ人というものだ。」

ドイツ人と親友にはなれないというのは、こういうことを指すのである。

外国人憎悪とは何か

彼のように成功したケースはまだ少ない。多くの一般的トルコ系移民が感じるドイツ社会への違和感は、もっと生々しいものである。その契機となる日常的な事例をいくつか挙げてみよう。いずれも、ドイツでトルコ人と会話をするなかで、彼らが体験として語ったものである。

道路を歩いていたら、向かい側から犬を連れて歩いてきたドイツ人の女性に「ここはあんたたちの道じゃないのよ。私の犬が通る道よ」と言われた。

電車にのっていたら駅でドアが開いた瞬間に突き飛ばされてホームに投げ出された。

窓口で受付の仕事をしていると、ドイツ人の客が、私を無視して、「ドイツ人スタッフを呼べ」と言った。

娘と食事をしていたら、旧東ドイツの人が娘の腕をつかんで放り投げて言った。「ここはお前たちの国じゃない。さっさとイスタンブルに帰れ。もう俺たちがここにいるんだ。」

極右のデモではいつも「トルコ人は出て行け、外国人は出て行け。ドイツはドイツ人のものだ」と叫んでいる。

これらの無数の暴言や暴力を総称してドイツでは外国人憎悪(Ausländerfeindlichkeit)と呼ぶ。異質な人間や文化を排除しようとする現象は、ドイツに限ったことではない。他の国にもある。ドイツの場合は、それが「外から入ってきた人間」に向けられるので、一般的な差別とは区別して「外国人憎悪」と呼ばれる。

もちろん、それらは民主主義の尊重を第一に掲げるドイツ基本法(憲法)上、許されない行為とされている。ドイツでは外国人憎悪を他の差別問題と一くくりにせず、「外国人」を敵視することと定義づけしたうえで違法な行為とする。ここにも、異民族の排斥が招いた歴史の汚点に対する反省がこめられている。しかしながら、「外国人憎悪」という言葉を定義して、戦わなければならないということは、ドイツ社会自身が、異民族や異文化と共生していく発想を自らのうちに持っていないことを表している。ドイツはドイツ人の国だという前提があって、そのうえで、外から来た人間を差別するのは良くないと言うのである。

一九九二年には北ドイツのメルン、九三年には西ドイツのゾリンゲンでトルコ人一家が暮らす家が焼き討ちにあい、幼い子どもを含む犠牲者が出た。海外のマスコミも事件を大きく報道したため、ドイツ政府は窮地に立たされた。当時のヴァイツゼッカー大統領は、即座にトルコ人移民に陳謝し、二度とこういう行為が繰り返されないよう、悲痛な訴えを全国民に行った。東西ドイツ統一の立役者であったコール首相は、与党、キリスト教民主同盟・社会同盟のリーダーだったが、大統領にくらべると誠意のこもらない型どおりの陳謝を繰り返したにすぎなかった。

その後も、移民や難民に対する暴力は減っていない。表に出ないかたちで日常化していったのである。そして、極右だけでなく、一般の市民もまた「ここはドイツなのだから、ドイツ人が、自らの文化や社会の価値を大切にしても当然ではないか」という言い方で、移民への嫌悪を控えめに表すようになっていった。

冷戦の終焉がもたらした移民排斥

東西ドイツ再統一から数年しかたっていない九〇年代の前半に、なぜ、このような事件が起きたのだろうか。一九九〇年代の前半、東ヨーロッパの旧社会主義体制諸国からアフリカにいたるまで、世界各地で急増した紛争の犠牲者が、難民としてドイツに流入をはじめた。ドイツ基本法第一六a条は、世界のどこにいる人間でも迫害を受けたらドイツに庇護を求める権利を明記している。第二次世界大戦後の旧西ドイツが、民主的国家として再生し、人道主義を世界に示した画期的条項である。だが、歴史的再統一を実現したばかりのドイツ政府にとって、庇護権を求めて殺到する難民は、予期せぬ大きな負担となった。

そのうえ、旧ソ連をはじめ、東ヨーロッパから、かつてナチス時代に追放されたドイツ人や、それ以前に移住していた人びとが続々と帰還しはじめた結果、事態は一層複雑なものとなった。彼らは、ドイツ基本法第一一六条の規定により、「ドイツ民族性を有する難民とその直系卑属」というカテゴリーに属しており、ドイツへの帰還が権利として保障されていた。一般の難民とは異なり、基本法上は「ドイツ人」とみなされるため、はるかに好条件で受け入れられた。「ドイツ人」の定義には、代々ドイツ人の血を受け継ぐという血統主義的な民族概念が含まれている。

東欧からの帰還民が殺到したことで、ドイツはさらに難題を抱えた。先のトルコ人一家焼き討ち事件は、こういう状況のもとで発生したのである。当時、難民収容所も襲撃されていたので、ことさらトルコ系移民だけが憎悪の対象になったわけではない。しかし、この時期、ベルリンに住む多くのトルコ系移民が恐怖を感じていた。

「壁」が消えたことで、東西の往来は自由になった。統一ドイツ政府は、旧東ドイツ市民に優遇政策をとったが、破綻国家の国民を西ドイツ市民なみに処遇することは不可能だった。統一の興奮から覚めると、旧東ドイツ市民はすぐに失業問題に直面していることを思い知らされた。彼らの不満は、自由を象徴する新生ドイツ国家ではなく、外国人に向けられた。自分たちドイツ人に職がないのに、なぜ、トルコ人は働いているのか。四十年ちかくにわたって西ドイツと隔離されていた東ドイツ市民は、移民の存在とその歴史的経緯を知るよしもなかった。

西ドイツ側にも、統一がもたらした民族主義的興奮があった。東ドイツ市民への同情は、ねじれたかたちで、「居なくてもいい一時的滞在者」としてのトルコ系移民への敵意につながっていった。以前からあった「多すぎる外国人」への潜在的不満に、統一による経済的混乱と外国人の流入が重なって、外国人憎悪は一気に加速される結果となったのである。

移民なしでは成り立たない現実

それでもなお、外国人憎悪の問題をもってドイツを排外的な社会と決めつけることは正しくない。排外的な主張が表面に出てくるたびに、これに反対し、移民や難民など定住した外国人も仲間だというスローガンを掲げるデモが、各地で起きることも事実である。彼らの主張には、ドイツを過去のユダヤ人迫害の時代に引き戻してはならないという強い信念がある。社会民主党や緑の党のような左派勢力は、ドイツが、多民族・多文化の社会になっている現実を受け入れる必要があると主張してきた。

行政やジャーナリズムも、ドイツ社会から移民がいなくなったら、あらゆる産業部門での経済活動が止まってしまうことを自覚すべきだと、国民に向けて繰り返し説明している。製造業、サービス産業、建設業はもちろんのこと、医療スタッフとしても多くの移民が働いているドイツでは、移民なしには充実した医療サービスも受けられない。

それればかりか、主としてIT分野での技術者不足を補うために、ドイツは、二〇〇〇年以降も一定数の移民を海外から受け入れている。一九六〇年代の外国人労働者のように、経済の基盤を支える労働者ではないが、合理的に考えれば、移民を受け入れざるをえないことが認識されているのである。

ドイツをはじめEU諸国は、高度の社会保障制度をもつことで知られている。だが、いずれの国でも少子高齢化が進んでいる。この状況で年金制度を維持するためには、合法的に働く移民を一定数確保して、彼らに保険料を負担してもらうことが不可欠だという認識は、すでにEU全体で共有されている。不法就労者や不法滞在者への摘発を強化すると同時に、合法的に滞在する移民は積極的に受け入れるというのは、EU加盟国の基本的な合意となっている。こういうコンセンサスができつつある一方で、増加した移民たちとのあいだに摩擦や衝突が起きている。それがドイツのみならず、ヨーロッパ各国の現実なのである。

統合か、同化か

移民との共生を主張する人びとは、排外主義を批判すると同時に、移民側にも社会への統合を求める。統合(Integration)という言葉は、ドイツの外国人問題を語るときに、必ず登場するキーワードである。移民の社会統合という表現でもっともよく使われる。以前、連邦政府の外国人問題に関する受任者(Beauftragte 政府に提言するが強制力をもたないオンブズパーソン)であったリーゼロッテ・フンケ氏に統合とはなにかを問うたことがある。彼女の答えは次の一言に集約される。

「統合とは外国人がドイツ語を習得し職業訓練を受け、ドイツ社会にしかるべき位置を占めていくことである。」

この「統合」の定義は合理的なものである。ドイツ社会や文化への同化は求められていない。移民たちも、ドイツ語の習得や職業訓練が必要なことは認識している。

だが、日常生活で、移民たちは、まず文化的・社会的な同化を求められた。夜は家で静かに過ごすこと。においの強い食材を用いないこと。秩序だった運転をすること。日曜日には家事を含めて働かないこと等々である。日曜日に働かないというのは、キリスト教の伝統であると同時に、労働者が休みを取る権利として確立したもので、法律でも保護されてきた。

一言で言えば、秩序を維持し、しかも個人の領分を侵犯しないというドイツ社会の価値観を体得しなさいということである。トルコ系移民も、こういう要求を無視してよいとは考えていなかった。

ただし、これらはドイツ社会の根底をかたちづくる規範に従うことを求めているので、移民側は「同化」の要求と受け取った。しかしドイツでは、移民に「同化」を求めるとは絶対に言わないから両者の理解に齟齬をきたした。

ナチス時代のドイツ占領地域では、人種的特徴を共有する現地の人びとを勝手に「ドイツ民族」と決めつけて強制的に「同化」させるという政策が行われた。この忌まわしい過去があるから、ドイツでは決して「同化」という言葉を使わない。ナチス時代の「同化」とは、人種的な特徴にもとづいて、相手をドイツ民族だと決めてしまったことを言うのであって、外国人に文化的・社会的に「同化せよ」と求めるのとは意味が違う。

移民が求められたのは、文化的・社会的な「同化」だったのだが、ドイツ社会は、「同化」という言葉をタブーとして使わないので、移民に求めているのは「統合」であるとしか言わない。実際の問題として、文化的・宗教的な距離の大きいトルコ系移民は、ドイツ社会からの「同化」の要求に従うことができなかった。彼らの場合、文化や社会に関する行動の規範は、イスラームという宗教に由来していることが多いからである。結果として、彼らは、ドイツ社会は「統合」を求めているが、本音では「同化」を求めているのではないかという疑いを深めることになった。

それとも排斥か

血統主義的な民族観をとるかぎり、人種的特徴も受けつがれるという考え方を含意するから、異民族を同化できるという発想は生まれない。トルコ系移民は長いこと気づかなかったのだが、ドイツ社会には、異民族である彼らを「同化」しようという発想はなかったのである。

ドイツ社会が、文化や社会の規範についてトルコ系移民に「同じようにしてほしい」と求めるのは、同化の要求には違いない。だが、ドイツ社会における「同化」の概念とは異なっていたために、ドイツ人たちはトルコ系移民に同化を要求しているつもりがなかった。

この点に関するドイツ人の感覚は、日本人にはよくわかるはずである。この態度は、日本人が在日外国人に要求する態度と似ている。一方で「郷に入っては郷に従え」と言う。しかし日本語を流暢に話しても、顔かたちが異なる人を「外人」として処遇し、なかなか同じ社会のメンバーとはみなさない。在日外国人の立場に立つと、日本社会の態度は、同化を求めているように見えて、結局は同化を認めていないという矛盾したものに映っている。トルコ系移民が感じた矛盾も、基本的には在日外国人の感じたものによく似ている。

再統一を果たした一九九〇年代以降のドイツ社会には、トルコ系などの移民を母国に帰そうとする動きが加速した。旧東ドイツでの失業率が二〇%台に達していたからである。しかし、すでに合法的に暮らしている人びとを強制的に退去させることはできない。そこで、大人一人におよそ百万円相当の帰還奨励金をつけて帰還を促した。同時にキリスト教民主・社会同盟のコール政権は、ことあるごとに「ドイツは移民の国にあらず」という方針を示し、移民にはもはや居場所がないと通告した。

排外感情の高まりは、トルコ人たちを一層困惑させることになった。ドイツ社会は自分たちに「同化」を求めているのかと思いつづけてきたら、今度は居場所そのものがドイツにはないと言い渡されたのである。ここへきて、多くのトルコ人は、「同化」ではなく「居てほしくない」がドイツ社会の本音だと確信するに至った。

血統主義からの転換

両者の齟齬の根底には、ドイツ人とはドイツ人の親から生まれた人間を指すという血統主義的な民族意識がある。日本人にはわかりやすいのだが、「同じ血が流れている」という民族意識と言ってもよい。ただし、血統主義を強く打ち出して「国民」を定義するのは、ヨーロッパでも特異な部類に属する。

もちろん、外国出身であってもドイツ国籍を取得すればドイツ国民である。しかし血統主義的なドイツ人意識が強いので、国籍を持っていても、民族が違う人間を、自分たちと同じ国民、あるいは同じ社会を構成するメンバーだと認めるのが難しい。ドイツでは、外国人は何代ドイツに住み続けても外国人のままとされていたし、外国人に国籍を与えるかどうかは国家の裁量に任されてきた。一定の義務を果たし、条件を満たせば、「権利として」国籍取得を認めるという考え方は、長いことドイツには成立しなかった。

だが、定住外国人の人口が総人口の九％を超えるにおよんで、血統的に同じ民族しか国民と認めないのでは、移民をドイツ社会に統合できないという懸念が強まった。二〇〇〇年になって、社会民主党と緑の党の連立によるシュレーダー政権は、外国人法を変えて、ドイツで生まれた外国人については二十三歳満了まで自動的にドイツ国民として扱うことにした。ただし、二十三歳満了までに、原国籍を離脱しないと、その後ドイツ国籍を得ることはできない。

国家の裁量による国籍付与を原則とするドイツにとっては、大きな政策変更をして国籍要件を緩和したことになる。従来の血統主義的なドイツ人概念の枠を踏み出して、ドイツで生まれ育ってきた移民を無条件に国民とみなす出生地主義を適用したのである。

しかし、移民の側からは、最後まで「原国籍からの離脱」にこだわることが、彼らを追い詰めたうえでアイデンティティを選択させるかのように見えるのである。原国籍からの離脱は、二重国籍を認めないための措置だが、実際にはあまり意味がない。一度、原国籍離脱の手続きをとってドイツ国籍を得た後でも、再び、母国の国籍を回復できるからである。ドイツ政府は、移民に母国の国籍を棄てることを求めることはできるが、彼らの母国が再び国籍を付与する権限を規制することはできない。

実はその前のコール政権下でも、一九九〇年に外国人法を改正して、十六歳から二十三歳までの移民の若者に対して国籍取得要件を緩和していた。このときにも、一世の国籍要件は緩和せず、二世以降だけを対象にした。ドイツで教育を受けた若い移民の方が、ドイツ社会に溶け込みやすいという判断があったのだろう。このときは、家族の一体性を重んじるムスリム移民から反発を受けた。同じ家族の中に、トルコ人やドイツ人が混在し、権利も義務も違う状態になることに、家族がばらばらになってしまうという不安を感じたのである。

合法的な疎外

ドイツは定住外国人の参政権を認めていない。八〇年代の終わりに、社会民主党や緑の党が与党だった州や都市で、一定の条件を満たす定住外国人に地方選挙での参政権を与える決定がなされた。しかし、キリスト教民主同盟やキリスト教社会同盟が憲法違反として提訴し、連邦憲法裁判所が一九九〇年に違憲とする判決を下した。

オランダをはじめEUのいくつかの国では、国籍がなくても一定の期間合法的に滞在している外国人には、生活に密着した地方政治には参政権を認めている。しかし、ドイツ政府は、政治に参加できる資格にこだわりつづけた。憲法裁判所は、ドイツ公民でなければ、政治参加の権利を認められないこと、ドイツ公民とはドイツ国籍を保有する国民であるとの判断を示した。資格というものと、その資格をもつ人間とは誰のことかを厳密に定義するドイツの特徴をよく表している。

しかし、この判決を受けて、社会民主党や緑の党は、外国人法のさらなる改定に着手し、国籍取得要件を緩和することによって、移民の政治参加を確保する方向に動いた。二重国籍の拒否という点は、キリスト教民主・社会同盟の一貫した主張だったので、それを受け入れることで、移民を生まれたときから国民として処遇する二〇〇〇年の法改正を実現したのである。

しかしながら、最も多いトルコ系移民の政治参加については、合法的な格差が残ってしまった。EUは、政治・社会統合を進める立場から、加盟国市民に対しては、外国籍のままでも地方参政権を承認している。トルコ系移民の場合、母国トルコがEU加盟申請をしてはいるものの却下されてきたので、トルコ国籍の移民は地方参政権をもつことができない。国籍取得要件緩和の対象にならない一世には、政治参加の道は閉ざされたままである。

かつて同じように二国間協定によって外国人労働者としてドイツに移民したポルトガル人やギリシャ人は、母国がEU加盟国となったため、地方参政権を獲得し、トルコ系移民よりも一段上の地位をもつことになった。移民自身には何のかかわりもないところで、トルコ系移民の地位は下げられてしまったことになる。

EU加盟国の国民とEU域外の国民との格差は、仕事を探すときにも存在する。ドイツの雇用促進法では、ドイツ国籍保有者、EU加盟国の国民、EU域外からの協定労働者(トルコ系移民もこれにあたる)の順に、求職の優先権が認められている。ここでも、一九六〇年代に来た当初は同じ順位だったギリシャ、ポルトガル、イタリア(いずれもEU加盟国)からの労働者とトルコ出身者とのあいだには、今では格差が生じている。二〇〇四年には、新たに東欧諸国やバルト三国など十か国がEUへの加盟を果たしたので、トルコ系の人びとの求職は、さらに厳しくなることが予想されている。

トルコ系移民は、ドイツという国家が自分たちを共に社会を構成する対等なメンバーとは認めないだろうと考えている。そのことが、彼ら自身をトルコ人やクルド人という民族的アイデンティティから、別の方向、すなわちムスリムとしての宗教的アイデンティティの覚醒へと向かわせる重要な契機となった。国籍取得要件の緩和が実現した二十一世紀には、トルコ系移民社会のイスラーム復興は、確実に大きな潮流となっていたのである。

3 隣人としてのムスリムへのまなざし

疎外がもたらしたムスリムとしての覚醒

先に述べたようにドイツ在住のトルコ人は二六〇万に達している。他にボスニアや中東からの移民と難民がいるので、ドイツ在住のムスリムは三〇〇万を超えると推定されている。彼らは、八〇年代の後半から、徐々に出自の国籍や民族よりも、ムスリムであることに重きを置いた生き方を選択し始めた。

ドイツに働きに来た移民たちは、前にも述べたが当初、イスラームの信仰実践に熱心ではなかった。信仰の実践よりも働いて金を稼ぐことに忙しかったのである。だが、一九八〇年代から、つまり移民たちが家族と共に定住する傾向が始まったころから、イスラームの信仰実践に対してしだいに熱意を見せるようになった。別の言い方をすれば、定住先のヨーロッパ社会には、文化的・社会的に同化しない傾向をはっきりさせていったのである。

お茶を飲み談笑するトルコ人一世の女性たち

誤解してはならないのだが、「同化しない」とはムスリムがヨーロッパ社会のすべてを拒否するという意味ではない。滞在する国の法律には従うものの、社会通念や社会現象のなかで、ムスリムにふさわしいものは受け入れ、ふさわしくないものを拒否するようになったということである。

イスラーム的生活への回帰

ヨーロッパに渡った当初、集団礼拝を行うモスクもなく、厳しい労働条件のもとで断食や礼拝もままならなかった。イスラームの教えは、しなければならない行為を行わなかったとしても、やむを得ない事情があるときは罪悪視しない。行為の内容にもよるが、基本的には罪の意識で信徒をさいなむことはせず、いつかできるときにすればよいと説く。

後に、家族とともに定住するようになってから、トルコ人をはじめとするムスリムは、徐々に、ムスリムとしての信仰実践に励むようになった。ヨーロッパ社会にあふれるイスラームにふさわしくない現象から、家族を遠ざけようとする意志がはたらいたのである。同時に、家庭生活を営むようになって、生活の中身やサイクルが、故郷で実践していたようなイスラーム的規範にしたがうものへと戻っていった。

断食月には、日没によって断食の務めが終わり、夕食は家族と共にご馳走を味わい、断食を守ったことを神に感謝し、同時に、家族が幸せに暮らしている歓びを新たにする。断食月が明けるとお祝いをする。約一か月の断食を守り、信仰を新たにしたことを神に感謝し、親族や友人を訪ねてご馳走を食べて歓談する。

さらに、巡礼月のメッカ巡礼の最後には犠牲祭を祝う。トルコ語ではクルバン・バイラム、アラビア語ではイード・アル・アドハという。巡礼を遂行した後に、神に感謝するため犠牲の羊をささげる祭りだが、巡礼に参加しなかった人も含めて、ムスリムにとって最大の祝日である。金銭的に余裕のある人は、羊を一頭丸ごと買い、肉を近所の人や貧しい人に施す。こうしたイスラームの祝い事も、家族と暮らしていればこそ、共に喜びを分かち合うことができる。

しかし、ムスリムの移民が、ヨーロッパで犠牲祭を祝うようになると、すぐに問題が発生した。犠牲にする羊は、体内に血液を残してはいけないと決められているので、頸動脈を切断して失血死させる。これが動物虐待にあたるという非難の声があがった。

ドイツの精肉店で扱っている肉は、このような作法にのっとって処理されていなかったので、ムスリムが口にできるハラール(許された)食品ではない。ムスリム自身が処理しなければならないので、自分たちで生きた羊を買ってきて、農家の納屋などで処理したのだが、ドイツをはじめヨーロッパ各国では、衛生上の理由から食肉の処理を個人が行うことは許されていない。自分たちで家畜を処理することも問題となった。

その後、トルコなどからハラールの肉が輸入され、ムスリム移民が家畜の処理から精肉までを扱う企業をヨーロッパに立ち上げたので、現在、この問題はあまり争点にならなくなったが、頸動脈の切断という処理方法をめぐる動物虐待の批判は、あいかわらず、しばしば問題としてメディアに取り上げられている。

ムスリムの組織化

イスラーム暦にしたがった生活のサイクルをドイツでも実践するようになると、集団礼拝の場であるマスジッド(礼拝所)やモスク(礼拝所を大規模にしたもの)も造られた。九〇年代にはいると、モスクの数も急増し、それにともなって、さまざまな信徒の組織も形成されていった。

イスラームには聖職者によって導かれる教会組織は存在しない。イスラームには聖職者も存在しないし、したがってこの人は資格のある指導者だと認定する組織も原理的にありえない。ウラマー、あるいはイマームと呼ばれる宗教指導者は存在する。先に述べたように、イスラームは私事から社会的な事がらにいたるまで、細かいルールがあるので、当然、それらをすべての信徒が知っているわけではない。

そこで、先生役の指導者が必要となる。スンナ派において、ウラマーあるいはイマームと呼ばれる人たちは、その先生のことなのであって、俗世間を離れているわけではないし、欲望を絶って聖職に就いているわけでもない。ただし、シーア派では、イマームはムハンマドの正統な継承者という特別な意味をもつので、一般の宗教指導者のことではない。

その指導者たちのもとで、信徒の組織が数多くつくられていった。とりあえず小さな礼拝所をつくってから、イスラームに詳しいイマームを呼んでくることもあった。最も組織化が進んだのはトルコ系だった。トルコ系移民の場合、トルコ人であれ、クルド人であれ、トルコ語をほぼ共通に理解する。だが、トルコ語とアラビア語とは言語系統が完全に異なるので、アラブ系の指導者が説教をするモスクに出かけると説教自体を理解することができない。だからトルコ系だけは、共通の言語を媒介にした組織が急増したのである。

同じ民族の信徒が集まれば、一種の規模の利益というものが発生する。つまり、日常生活の問題を互いに話し合うこともできるし、商売や職探しの有益な情報を得ることもできる。なにより、礼拝のあとに同じ言葉でおしゃべりをする楽しみももつことができる。ベルリンの大きなモスクには、行政からの通知を翻訳し、ドイツ語の代筆をしてくれるスタッフがいて、金曜日には多くの一世たちのために奉仕する。

モスクは心の平安と信徒の連帯感を共有する場になり、移民たちはムスリムとして正しい務めを果たすことに、ますます積極的になっていった。これが、移民たちのイスラーム復興である。信仰実践に熱心になるにつれて、現世の国家への帰属意識は相対的に小さくなり、国家や民族を超越した信徒の一体性をよりどころとするようになっていく。民族意識は薄れ、住んでいるヨーロッパのホスト国への帰属意識も薄れていく。ドイツでは、ホスト社会からの疎外や差別が、ムスリムとしての覚醒と組織化に拍車をかけることになったと言ってよい。

聖俗分離と聖俗不可分の溝

聖俗分離というのは、人間の世の中を「聖」なる領域と「俗」なる領域に分けることができるという考え方である。西欧世界諸国は、おおむね、近代化の過程で、キリスト教会が国家権力に及ぼす影響を排除する方向で聖俗分離をおこなってきた。とりわけカトリックは大きな権力をもって、世俗権力に干渉してきた。国家の権力が大きくなるにつれて「国家と教会の分離」が大きな課題となり、国家に関わる公の領域については、宗教色を弱め、宗教から中立の立場をとるようになった。日本語では政教分離と言う方がわかりやすいかもしれない。

聖俗分離を徹底するならば、行政、司法、立法の三権はもとより、公教育や公的な医療サービスなどにおいても、特定の宗教的規範に従うことはもちろん、宗教色を出すことも認められない。公的領域から、いわば宗教を締め出していくのである。

公的領域を非宗教的にすべきだという考え方を世俗主義という。英語ではセキュラリズム(secularism)である。世俗主義に立つと、宗教的規範や価値観は個人の心の中にとどめておかなければならない。現在のヨーロッパ諸国は、どこまで分離させるかは国ごとに異なるが、おおむね政教分離を原則としている。

一方、イスラームには、信仰に関して公の領域と私の領域を分ける発想がない。聖俗不可分なのである。したがって本質的に政教分離の観念もない。そのため、ムスリムがヨーロッパに暮らす場合には、聖俗不可分と政教分離という完全に相反する原理が衝突することがある。

イスラームの神は全知全能の絶対者であり、その意志によって、何でも成すことができる。ムスリムからみれば、神の定めた規範が、私的領域だけにしか及ばないならば、神の絶対性を認めないことになってしまうので、受け入れることができない。

個人の生活はもとより、社会生活もまた、神の意志の及ぶ領域であるし、したがって人間によって創造された国家であれシステムであれ、すべてがイスラーム的規範の適用範囲となる。ムスリムの主張が、しばしば社会改革や政治改革、あるいは国際政治においてイスラーム的公正を求める批判的意見として出てくるのもこのためである。

無宗教にはなれないムスリム

ムスリムが、毎日の礼拝をすること、断食をすること、飲酒をしないこと等の行為規範にどこまで従うかは、個人によって大きな差がある。しかし、非ムスリムにとっては分かりにくいことなのだが、いくら世俗化していても、ムスリムが脱イスラーム化したり、無神論者になったりすることはない。

確信をもって共産主義者になった人を除けば、皆無といってよいほど、彼らが自ら「無宗教」と名乗ることはない。無宗教とはムスリムでなくなることを意味する。道徳のすべてがイスラームに由来している彼らにとって、これは人間ではなくなると宣言するのと同じことだから、自分は無宗教だとは言えないのである。

礼拝も断食もせず、スカーフなど被らず、酒を飲むイスラーム教徒は存在する。だからといって、彼らが脱宗教化したわけでもないし、ムスリムをやめたわけではない。本人に聞いてみればすぐにわかるが、酒を飲んでいても自分はムスリムだと答える。国家がイスラーム法を適用して飲酒に厳罰を科していないかぎり飲む人は存在する。

イスラームに関してよく生じている誤解について、ここでふれておく必要があるだろう。それは、イスラームの戒律が厳しい国と緩やかな国があるというものである。これは完全な誤りで、イスラームの戒律そのものは一種類しか存在しない。

確かに、トルコでは酒を飲めるが、サウジアラビアでは酒を飲めない。トルコはイスラーム圏にありながら最も厳しい世俗主義を採用している。公の領域からイスラームを排除してきたので、国民が守るべき法律は国家が定めたイスラーム色のない法律だけである。したがって、飲酒を禁じていないから罰せられることもない。

一方、サウジアラビアやイランのように、イスラームが公の領域にも及んでいる場合には、国家の法律そのものがイスラーム法に依拠している。この場合は、飲酒にも刑罰が科せられるから飲むことが許されない。つまり、国家と宗教との関係が、「酒を飲めるか飲めないか」、「賭け事はできるのか禁じられるのか」などの法律上のルールを決定するのであって、イスラームの戒律が国によって厳しかったり緩やかだったりするわけではない。

イスラームは、人間が欲望に弱い存在であることをあらかじめ認めた上で、正しい行いを実践するよう求める。したがって、イスラームが禁じた行為をしても、それが信徒共同体を破壊するような重大な罪でない限り、後に改心して善行を積めばよいとされる。

ヨーロッパに渡った移民たちについても同じことが言える。欲望に負けてイスラームが禁止する行為をしたムスリムは少なくない。だが、後に彼らは、徐々にイスラーム的に正しい生活を送る方向へとシフトしていったのである。多くのムスリムがイスラームに従う生活を始めたことによって、イスラーム復興は、ひとつの社会現象になった。しかし、この現象は、ヨーロッパ社会を困惑させ、苛立たせることになった。

イスラーム復興は過去への逆戻りではない

何代にわたって暮らしてきても社会を構成するメンバーと認識されず、同時に母国の社会との関係も薄れていくなかで、第二世代以降の移民たちにとって、アイデンティティをどこに求めるかは大きな問題だった。トルコ人は母国においてきわめて強い民族意識をもっている。強烈な民族主義は、トルコ共和国が建国されて以来、国策として教育されてきた。一方、トルコ人化を強制されたクルド人は自らの民族意識を軸に反発してきた。

先に述べたように、ドイツ社会には「外国人」に対する排斥感情が強いが、その矛先を向けられるトルコ系移民は、トルコ人であれ、クルド人であれ、一くくりにされてしまう。人権擁護に熱心な人たちは、トルコ本国については、トルコ人を抑圧する側、クルド人を抑圧される側とみなしている。しかし、難民認定についてクルド人が優遇されたことはあっても、その後のドイツ社会のなかで、トルコ人よりも寛大に接してもらえたわけではない。

民族的アイデンティティは、移民として生きるうえで、差別と闘う力の源泉であった。しかし、現実には、トルコ人にせよ、クルド人にせよ、民族アイデンティティをドイツで強調しても得るところは少なかった。その結果、移民たちのなかには、ムスリムとして覚醒することによって、アイデンティティ喪失の危機から逃れる人びとが増えていった。トルコ政府の影響下にないイスラーム組織で、民族とイスラームの関係を尋ねると、決まって同じ答えが返ってくる。

「トルコ共和国が民族主義を強調したのは誤りである。民族という概念そのものが西洋起源のものでイスラームにはなじまない。民族を強調すると、必ず争いを招く。トルコではすでに多くの血が流されているではないか。もう、このような対立はやめるべきである。イスラームでは、人種も民族も関係ない。信徒は皆、兄弟である。モスクに来る人びとがトルコ人であろうがクルド人であろうがアラブ人であろうが、何の関係もない。」

この論理は、まさしくイスラーム的なのだが、トルコ共和国の憲法には反している。トルコが掲げてきた国家原則である民族主義と世俗主義を両方とも否定してしまうのである。ドイツにおいては、トルコの憲法原則は適用されないから、トルコ政府と関係をもたない組織のイスラーム指導者は、民族をアイデンティティのよりどころにするよりも、イスラームに帰依する方が、憎しみもなく平和な生活になると説くことができるのである。

この点は、トルコ人とドイツ人という民族間の関係にもそのまま当てはまる。トルコ民族主義を掲げてドイツ社会と闘っても、いったい何が得られるのか？　それよりイスラームに従って正しく生きるほうが、より多くの喜びと、より大きな心の平安が得られるというイスラーム指導者のメッセージは、多くの移民の心をつかんだ。民族というアイデンティティを掲げ続けることに疲れてしまったことが、トルコ系移民にムスリムとしての覚醒を促す重要な契機となったといってよい。

イスラーム復興への誤解

だが、ドイツ社会は、この点を理解できなかった。移民たちは先進的なヨーロッパの社会や文化に同化していくと信じて疑わなかったからである。一九九〇年代に入ると、移民のあいだにイスラーム復興の傾向が強まり、ホスト社会からも注目を集めるようになった。街を行く移民女性のあいだに、スカーフやヴェール姿が増えていった。モスクが増え、金曜日には多くの信徒が、伝統的な衣装を着てモスクに集まるようになった。

断食を行うラマダン月の金曜日には、ふだんよりもずっと多くの信徒がモスクを訪れる。ムスリムが、ふだんよりも一層、イスラームの正しい道に邁進しようと努力する一か月である。

モスクに入りきれない人びとは、路上に絨毯を敷いて祈ることもある。ムスリムにとっては、ごくあたりまえの光景なのだが、ヨーロッパの人びとの眼には、これがたいへん異様に映った。いったい何が起きているのだ？——政治家もジャーナリストも眉をひそめつつ原因を追求した。その結果、次のような結論に達した。九〇年代以降、チェチェン、ボスニア、コソボ、中東、そしてアフリカ各地で紛争や内戦が頻発した。そのためヨーロッパ、なかでもドイツに流入するイスラーム教徒の難民や不法入国者が急増した。これにともなって、中東で活動してきたイスラーム原理主義組織が入り込んだ。イスラーム原理主義者たちが、ヨーロッパに暮らしていた移民たちに過激な宗教思想を吹き込み、扇動しているに違いないというのである。

自分たちの思惑通りに事が運ばないときに、外の世界から、それを邪魔立てするものが持ち込まれると考えることはよくある。この場合もそうで、イスラーム原理主義者がヨーロッパに流入し、西洋化するはずだったムスリム移民を中世の信仰へと引き戻してしまったという見解に傾いたのである。だがこれは、移民のイスラーム復興の、ごく限られた一面しかとらえていない。

西欧世界には、近代化のためには国家と教会の分離が不可欠だという認識があるから、ムスリム移民も、ヨーロッパに暮らしていれば、自然に、この考え方になじむと思い込んできた。しかし、イスラームには、国家や社会が世俗化しないと近代化できないという発想はない。移民たちのイスラーム復興は、中世への回帰現象ではなく、宗教的規範が社会をコントロールできなくなった現代社会において、自分たちの価値観にしたがった生き方を始めるという新しい選択だったのである。

ドイツにおけるイスラーム問題

ドイツは、一応、国家と教会を分離しているし、社会の世俗化も進んでいる。しかし、キリスト教が公的な領域において表に出ることは認められている。公教育においても、選択科目だが、カトリックやプロテスタントの宗教教育がある。強制はされないものの教会税が存在し、徴税行為は国家が代行する。カトリックやプロテスタントのキリスト教会については、基本法でも公法上の公認宗教団体とされている。

一方、イスラームは基本法上の公認宗教団体ではない。このことが、ドイツ社会の中に一つの争点を生み出した。公教育におけるイスラーム教育の実施を認めるかどうかという問題である。当然のことながら、ムスリムの親たちは、公立学校の宗教教育にイスラームも加えることを望んだ。他の子どもたちが、カトリックやプロテスタントの授業を受けているときに、わが子に受けるべき授業がないというのは納得できない。そこで、各地でイスラームの授業を開講してほしいとの要求が各州政府の教育省に出された。

この問題に対してドイツ側は明快な答えを出すことができない。その理由として、第一に、イスラームを公認団体と認めるには基本法（憲法）の改正が必要なことが挙げられる。キリスト教会に特別な地位を保障しているドイツで、国民がイスラームを公認するための基本法改定に賛成する可能性は低い。

そして第二に、どの信徒組織の指導者を教師に任命できるかという現実的課題を解決するのが難しいことがある。先に述べたように、イスラームには教会組織がないので、特定のイスラーム組織の指導者を宗教教育の教員に任命することは難しい。そもそも、カトリックにおける司祭、プロテスタントにおける牧師、ユダヤ教におけるラビのような資格さえ、イスラームにはない。礼拝を指導するイマームはいるが、「イマームの資格」を授与する資格をもつ教会組織がないのである。

そして第三に、イスラーム脅威論が高まってきた九〇年代以降になると、教師のなかに過激な原理主義者がいたらどうするのだという懸念が強まったことも理由の一つである。特に、九・一一以後、この疑いはドイツ世論のイスラーム脅威論と重なりあうようにして強まった。テロ事件の実行犯とされた人物の一人がドイツに留学していたことが明るみに出たため、国内にあるイスラーム組織は、ドイツ社会から疑惑の目を向けられるようになったのである。

二〇〇四年、ムスリム移民が集中するベルリンの学校で、イスラーム教育の授業が始まった。

ベルリン市がイスラーム連盟という複数のイスラーム組織の集合体に教員派遣を認めたのだが、直ちに批判にさらされた。「女性差別を助長している」、「イスラーム原理主義を吹き込まないまでも、ムスリムはいかにドイツ人と違うかを教えて隔離を進めようとしている」などの声は、ドイツ社会の側だけでなく、世俗主義を支持する移民のあいだからも上がった。

スカーフ問題と外国人憎悪

二〇〇三年の末、ムスリム女性が公的な場所、とりわけ公立学校の場で教師として勤務する場合に、スカーフやヴェールなどイスラームを象徴するものを身につけてはならないという決定が、バーデン・ヴュルテンベルク州につづいてバイエルン州、ニーダーザクセン州などで相次いで下された。今後、おそらく憲法裁判所で議論されることになると予想されるので、現段階で、この措置が恒久的なものになるかどうか確定的なことは言えない。しかし、反イスラーム感情の高まりに政治が反応しはじめたのは確かである。

当然のことながら、多くのイスラーム組織がこの禁令に強く反発した。ムスリムの女性であっても、スカーフやヴェールを着用する人もいれば、被らない人もいる。トルコ系移民の場合は、トルコが世俗主義原則をとっているために、被らない女性はいくらでもいる。トルコ本国でもそうである。

ドイツにおけるスカーフ禁止の主張には、「国家と宗教の分離」が国家のルールだという原則論と、複数の宗教とその文化が共存することを承認したくないという主張とが混在している。だが、すでに指摘したように、ドイツは明確な政教分離国家ではないから、「国家と宗教の分離」を前面に出した議論には矛盾がある。

ドイツでは、外国人憎悪が顕在化することは、今までもたびたびあったが、宗教に対する嫌悪感が表に出ることはなかった。ナチス時代のユダヤ人虐殺とその記憶から、キリスト教以外の宗教、とりわけユダヤ教に対して嫌悪感を表わすことはタブーであった。反ユダヤ主義は、ドイツが、第二次大戦後、半世紀以上をかけて償いと謝罪を繰り返すことになった根源的問題である。

そのドイツで、二十一世紀を迎えた途端に、あらゆる政治勢力が、ムスリムのスカーフを学校や公的機関から追放すると主張し始めたのである。この動きが出てきた二〇〇三年末の連邦政府は、社会民主党のシュレーダーが首相を務め、社会民主党と緑の党の中道左派政権であった。最大野党は中道右派のキリスト教民主同盟とバイエルンでの兄弟政党であるキリスト教社会同盟である。与野党とも、スカーフ禁止には賛同する勢力が優勢であった。だが「あらゆる宗教的シンボル」を禁止するかどうかとなると、社会民主主義勢力とキリスト教系の政党では見解の相違がみられた。

社会民主党や緑の党には、あらゆる宗教的シンボルを追放するべきだという原則論が強かったが、キリスト教民主同盟・キリスト教社会同盟は、キリスト教徒の十字架を追放することには消極的だった。キリスト教政党は、イスラームのシンボルを追放したかったのだが、十字架とキパ（ユダヤ教徒の男子が被る帽子）が対象になると及び腰になった。キリスト教政党が十字架禁止に賛同すれば、支持母体の教会やキリスト信徒から反発される。ユダヤ教徒のキパ禁止に賛同すれば、いまだにキリスト教勢力は反ユダヤ主義を克服できないのかとユダヤ人団体から厳しい反発を受けるからである。キリスト教民主同盟のメルケル党首は、キリスト教はドイツ文化の一部だとして、宗教的シンボルを一律に排除することには慎重な姿勢をみせた。

共生を阻む民主主義勢力

社会民主党や緑の党のような、いわゆる左派・民主勢力が、強硬に宗教的シンボルの追放を主張したのはなぜだろうか。社会民主党や自由民主党の綱領は、キリスト教精神から距離を置いている。緑の党は、環境保護や同性愛者や移民などマイノリティの人権擁護に熱心な政党であって宗教色はない。むしろ、キリスト教的規範を押し付けることには批判的な勢力である。ネオ・ナチや人種・民族差別に強く反対する人権擁護の政党と言われてきた。

ところが、民主的勢力ほど、イスラームを人権抑圧の宗教、反民主的宗教と認識する傾向は強い。イスラームが男尊女卑で性差別を是認する宗教だと断定し、女性が被るスカーフやヴェールを人権抑圧の象徴とみなしている。そのため、公教育の場で、スカーフを被って授業をするのは不適切だという論理に与しやすいのである。

緑の党や社会民主党には、スカーフがイスラーム原理主義の政治的シンボルだから排除すべきだという主張も強い。イランでイスラーム革命が起きた後、政府は女性に黒衣のチャドル(長衣)着用を命じた。アフガニスタンのタリバン政権も、女性に対して、ブルカですっぽりと身体を覆うことを求めた。個人の自由を否定することに批判的な西欧社会は、当然、イスラーム原理主義を一種の全体主義として拒否する。スカーフやヴェールは、その象徴であるから禁止すべきだということになった。

スカーフの着用が政治問題となったとき、ジャーナリストは必ずといってよいほど、「では、ユダヤ教徒のキパやキリスト教徒の十字架も身につけるなということですね」という意地悪な質問をぶつけた。社会民主党や緑の党の議員たちは、ムスリムが多い移民を敵視すると受けとられることを恐れて、「すべての宗教的シンボルを禁止すべきだ」と答えるケースが多かった。あくまで普遍的な問題として、「公教育の場は宗教から中立であるべきだ」と主張したのである。

しかし、こう言ってしまうと、今度はユダヤ教徒のキパもキリスト教徒の十字架も禁止することに同意したということになる。結果として、ユダヤ教徒からは「反ユダヤ的」と受け取られかねない主張をしてしまったのである。

これは意図せざる結果だったのだろうか。簡単に判断することはできない。だが、社会民主党や緑の党には、パレスチナ問題に関して、イスラエルに批判的な意見が強かったことを考えると問題は複雑である。もちろん彼らは、パレスチナ問題に対するイスラエルという「国家」の対応を批判しているのであって、「ユダヤ人」ないし「ユダヤ教徒」を批判しているのではない。しかし他方で、「ユダヤ教徒のシンボルであるキパ」も禁止すべきだと主張したことから、ユダヤ人側から見ると、反ユダヤ主義の悪夢が甦る可能性を否定できない。この意味で、スカーフ論争は、単にイスラームに対する批判だけでなく、実に根の深い問題を露呈する結果となった。

宗教の多元主義か、原理主義の拒否か

二〇〇三年十二月にベルリンを訪問した際、一緒に行った学生の希望で、ドイツ外務省がこの問題についてパネル・ディスカッションを開いてくれた。パネリストとして参加したのは、ベルリン市で二十年以上にわたって外国人問題の受任者であったバルバラ・ヨン、ベルリン・ブランデンブルク・トルコ人協会会長で社会民主党員のケナン・コラット、ベルリン・トルコ

系実業家協会の会長バハッティン・カヤと私だった。

そこで実に興味深い議論が展開された。外国人問題の受任者だったヨンは同時にキリスト教民主同盟の党員なのだが、彼女は、スカーフ禁止こそ女性差別だと主張して譲らなかったのである。スカーフ禁止を政治家が議論し、報道されるだけで、市内を行き交うスカーフを被った女性たちが、どれだけ罵声を浴びることになるか考えるべきだと強く批判した。そして彼女は付け加えた。

「ドイツには大きな問題がある。それは、いまだに宗教のプルーラリズム(多元主義)を容認できないことだ。いま、我々が議論しているスカーフ禁止問題とは、十九世紀以来、我々がユダヤ人たちの身に起こしたことと同じではないか。この種の議論は、完全に非人道的なものだ。」

彼女は、ユダヤ人迫害を引き合いに出して、スカーフ禁止に反対したのである。彼女はこの持論のために、所属するキリスト教民主同盟の多くの党員から批判されていた。実際、ニーダーザクセン州では、キリスト教民主同盟の州首相が、キリスト教徒の十字架と、イスラーム教徒のスカーフは同列に扱えないと公言した。

党内の多数派と真っ向から対立してまでも、ムスリムの現実から眼をそらさずに自説を曲げない彼女のような人物は、今日のドイツにおいて少数派となりつつある。二十年以上にわたってつぶさにトルコ人の実態をみつめてきた彼女は、彼女の信じるリアリティをもとに、西欧世界で大きなうねりとなりつつある反イスラーム感情論に対抗したのである。

これに対してトルコ人の社会民主党員ケナン・コラットは激しく反論した。

「スカーフはイスラームのシンボルではない。あれはイスラーム原理主義のシンボルであって、宗教を政治的に利用するための武器だ。学校の場は、宗教から中立でなければならない。スカーフも、キパも、十字架も追放すべきなのだ。」

トルコ系移民で社会民主党や緑の党に所属する人は多い。これらの政党が、移民やマイノリティの権利擁護を掲げてきたからである。母国トルコの世俗主義を支持してきた人たちが両政党に所属すると、一層強くイスラーム復興を批判する傾向がある。

もう一人の参加者、トルコ人実業家のカヤは、どちらも支持しなかった。

「もういい加減、たかが服装ぐらいで政治論争をすることの愚を悟るべきだ。ドイツの企業は、無能だが西洋風にみえる女性と有能だがスカーフを被った女性が就職を希望すると、前者を採用する傾向にある。だが、企業家ならば、仕事上の能力で人間を選ぶのが合理的なのであって、着ているもので判断するのは馬鹿げている。かつてミニスカートが初めて世に登場したときには、批判を受けたものだが、それが今日、何の意味もなかったことは誰でも知っているではないか。」

彼の意見は、実業家らしく現実的だった。しかしドイツでは、この現実的な意見を押しのけてしまうほど、反イスラーム感情が反移民感情と重なり合いながら強まっていた。

なぜスカーフを被るのか

後日、私は女子学生といっしょにベルリンのトルコ人街クロイツベルクでみつけたスカーフ店を訪れた。この店は、スカーフや身体の線がみえない長衣を専門に扱っており、顧客の多くは敬虔なムスリム女性である。

店員の女性は次のように語った。

「スカーフを禁止するなんて、民主国家たるドイツにふさわしくない。イスラームでは、女性の髪を性的なものとして人前で隠すように求めているだけで、そこにいったいどういう政治的象徴性があるというのか。もし、禁止を議論するなら、なぜ、まず被っている女性本人に意見を求めないのか。それが抑圧なのか、自分の意思なのかを語ることができるのは、スカーフを被っている女性自身である。スカーフを着用している女性には何も聞かず、禁止しろというのは、観念的なイデオロギー論争にすぎない。」

彼女は、私のゼミの女子学生に、スカーフの被り方を教えてくれた。まず、髪の毛が見えないように、「下着」を被って髪を固定する。そのうえに、さまざまなデザインのスカーフを被るのである。襟元が開かないように、ピンで固定して完成である。

私は、スカーフの着け方を見ていて、男性として見てはいけないものを見ていることに気づいた。コーランには、髪を隠せという記述はない。「汝の飾りとなるところ」や「隠しどころ」を覆えとある。「隠しどころ」とは日本語的に表現すれば陰部である。ムスリム女性が、イスラームの教えどおり、髪を性的な部位と考えているなら、下半身に下着をつけてスカートなりジーンズを穿くのと同じことを頭部にもしていることになる。

ムスリム女性が、現実になぜスカーフを被っているのかといえば、さまざまな理由がある。彼女のように、イスラームの教えに従って自らの意思で被る人もいる。嫉妬深い、あるいは所有欲の強い夫が「髪を他の男にさらすな」と命じるために被っている人もいる。両親によって、未婚の女性が髪を隠さないと「ふしだら」に見えるから被れと命じられているケースもある。これが現実である。いずれにせよ、被っている人の場合には、女性の頭髪に性的意味があると考えている人は少なくない。

一方、被らないムスリム女性の意見は主に二つある。一つは、今さら、女性の髪には大した性的意味はないから隠すまでもないというものである。そしてもう一つは、本音は嫉妬心や所有欲から他の男性の前で髪を隠せと言いたいのに、イスラームの教えを引き合いに出す男たちへの批判から被らないという意見である。イスラームの教えが、性差別を隠蔽する道具立てとして使われることへの批判と言ってもよい。

スカーフを剝ぎ取ることの暴力性

この論争に関して、ドイツ社会には見えていない点がある。髪を身体の性的な部分と認識している女性に向かって、スカーフを取れと命じることがセクシュアル・ハラスメントにあたることに気づかないのである。羞恥心からスカーフを被っている女性が存在するにもかかわらず、スカーフを着用するという行為を、原理主義だ、民主主義や人権に反する、と一くくりにしてしまうのは、なぜなのだろうか。

頭髪が羞恥心の対象か否かは個人の感覚による。そもそも国家が法によって規制すべき問題かどうかを疑うべきであろう。イスラームに関する論争は、信仰の問題として論じられるのではなく、政治的な問題にすりかえられてしまうのである。スカーフ着用に政治的な主張が込められることはあるが、信仰としての要素が視野から抜け落ちてしまうのである。その結果、信教の自由、表現の自由という基本的人権は、確信してスカーフを被る女性たちには適用されないことになる。

簡単な例を挙げることで、ムスリムのスカーフ問題に対する認識のありようのおかしさを示すことができる。カトリックの修道女も、髪をヴェールで覆い、身体の線があらわにならない服装をしている。心身を神に捧げるために、異性との交渉を断つ彼女たちは、当然のことながら、男性からの視線を遮断するような服装を身につけている。髪と身体のラインは、ムスリム女性とよく似た方法で隠されているが、誰も、修道女に被り物を脱げと命じたりしない。ヴェール着用の禁止を制定する国家もない。

西欧社会は、カトリックの修道女のヴェールには政治的な意味がないと認識しているので、信教と表現の自由として彼女たちに干渉しない。一方、イスラームのスカーフには、もっぱら政治的意味を見出そうとするので、執拗に干渉するのである。ムスリムからみればダブルスタンダード(二重基準)なのだが、ヨーロッパの人びとは、ダブルスタンダードであると認識できない。

ドイツ社会には、宗教の共存に関する「論理としての平等主義」と「現実の不平等」というダブルスタンダードが存在する。ドイツにおいても国家と教会は分離しているが、それでもなおキリスト教会の影響力は無視できない。基本法(憲法)によって、キリスト教会は特別の地位を保障されている。したがって、ムスリムに対する処遇と格差があっても当然だという認識がドイツ社会には存在する。

だが、もしそうであるならば、十字架もキパも、そしてスカーフも等しく公的領域から追放すべきだという主張は成り立たない。ムスリム移民から見れば、一方で、「お前たちのシンボルだけではない。他の宗教のシンボルも追放するのだから法に従え」と言われ、他方では「そもそもキリスト教が特別の地位をもつドイツにおいて、お前たちはよそ者にすぎないのだ」と言われていることになる。ドイツ社会は、「他者」として扱われてきたムスリム移民の立場から見直したときに、自分たちの社会がいかなる矛盾をもっているかを認識できないのである。

ホストである自分たちの文化と外から流入した異質な文化とのあいだには、法的権利において格差が生じても差別ではないと言うのであれば、「複数の宗教文化が共存するのがドイツ社会である」という認識に到達できない。バルバラ・ヨンが、ドイツは複数の宗教文化が並存する多元主義をいまだに受け入れようとしないと批判したのはこのことである。

異文化に侵犯されることへの恐怖

さらに、異質な文化が侵犯することへの恐怖の問題を指摘しておかなければならない。一九八〇年代の前半から九〇年代終わりまで、長期にわたって政権を維持し、ついに東西ドイツの再統一という歴史的偉業を成し遂げたコール政権の与党、キリスト教民主同盟とキリスト教社会同盟は、移民の人口比率が高まることには批判的であった。

あからさまに外国人排斥を主張することはなかったが、移民たちにドイツ国籍を付与することに消極的だったのもキリスト教民主同盟・社会同盟である。異質な文化的背景をもつ移民が増えすぎると、ドイツの規範的な文化がそこなわれるという危機感は議会でも表明された。二〇〇〇年のことであったが、この二つの政党は「ドイツにおける規範文化」が移民の増大によって損なわれているから、規範文化を守らせるよう法整備をすべきだと連邦議会で主張したのである。この議論はまことに不可解であった。ドイツの規範文化というのが何をさしているのかを明示することなく、それが「危機」にあることだけが強調されたのである。

このような問題提起の仕方は、ドイツという国家の一面をよく表している。ドイツをドイツたらしめている文化的な背骨のようなものが存在するはずだと信じてはいるものの、それが何であるのかを自信をもって主張できないのである。

ドイツは、イギリスやフランスよりもかなり遅れて、一八七一年にビスマルクによって、ようやく国家統一を達成した。その歴史が、いまだに影を落としている。個人としてならば、ドイツはそれまでにも幾多の偉大な芸術家、思想家、そして科学者を輩出してきた。しかし、その文化的遺産と、近代になって統一された国家というものを結びつけようとすると、なかなか難しかった。

十九世紀の後半になると、ドイツでは中世に遡ってドイツの民族文化の源流を見出そうとして、ことさら「ドイツ的な」ものにこだわる芸術作品が登場するようになる。ドイツ・ロマン主義の運動には、文学でも音楽でも、ドイツをドイツたらしめるような文化のルーツを探し求める欲求が感じられる。

いくら統一体であろうとしても、実際のところ、ドイツは今日もなお、フランスのような中央集権的な国家ではないし、オランダのような多文化主義の国家でもない。ドイツは連邦制を採る地方分権型の国家である。中央集権的な国家をつくってから、地方に権限を委譲したのではない。もともとこの国は、求心性をもつ国家ではなかったし、市民が中央集権的王制を打倒して権力をにぎった国でもなかった。

こういう国が、無理をして統一性を強めようとしたところに、排他的な民族主義を生み出す下地があったのかもしれない。ヒトラーのナチスは、民族を人種的な意味で解釈し、アーリア人種の優越性やユダヤ民族の迫害という狂気の政策をおこなった。

第二次大戦後、かつての西ドイツ(ドイツ連邦共和国)は、二度とこのような体制を生まないように、ナチズムの徹底的な払拭を図ってきた。しかし、民族の定義について言えば、血統主義にもとづく人種的なドイツ人概念を戦後も変えなかったのである。

もう一つの東ドイツ(ドイツ民主共和国)は、ソ連の陣営に加わったために、ナチスの全体主義から社会主義に移行してしまった。社会主義体制は、価値の多様性や多文化の共生を認めなかったために、異質な宗教とどのように付き合っていくべきなのかという問題について、東ドイツの人々は半世紀の間、何の経験を蓄積することもなかったのである。

このような状況下において、「ドイツはドイツ人のものだ」という主張が出てくるのである。この台詞はネオ・ナチや極右勢力の常套句なのだが、経済的苦境にあえぐ旧東ドイツ市民のあいだには、この主張に共鳴する人は少なくない。経済的不安は、たえず異質な存在を排除する力に転化しやすい。政権もまた、自分たちへの非難を回避するために、たえずスケープゴートを探そうとする。

統一を達成したキリスト教民主同盟のコール政権が「ドイツは移民の国ではない」という主張を繰り返したのもそのためである。「ドイツは移民の国ではない」という言葉と、「ドイツはドイツ人のものだ、外国人は出て行け」という極右のスローガンを比べてみればすぐにわかることだが、本質的には、どちらも排外的な主張であることに変わりはないのである。

Ⅱ章

多文化主義の光と影

—オランダ—

アムステルダムのイスラーム組織で働く女性たち

1　世界都市に生きるムスリム

アンネからフセイン政権の犠牲者まで

アムステルダムには、アンネ・フランクの家が残されている。『アンネの日記』で知られるユダヤ人の少女である。第二次世界大戦の最中、ドイツはオランダを侵略し、アムステルダムを占領した。多くのユダヤ人が収容所に送られて犠牲となった。アンネとその一家も、生き延びたのは父親一人である。この悲劇を、今もオランダの人々は忘れていない。民族差別や人種差別に対して厳しく監視の目を光らせる組織が、オランダにはたくさんある。彼女の名前をとったアンネ・フランク財団もまたそのひとつである。

アンネの家のすぐ近く、運河に面して小さな桟橋のようなモニュメントがある。あまり人目を引くものではないが、そこにはいつも花が手向けられている。これは、ナチス時代に迫害を受けた同性愛者の死を悼むものである。こうしたモニュメントを見ても、私たちは、オランダが、出自や信条などによって人間を迫害や抑圧にさらしてはいけないという強い意志をもつ国

陽気なパン屋さんにもイラクでの苛烈な弾圧の過去が

であることを感じる。実際、第二次大戦後も、オランダはドイツやスウェーデン、フランス、イギリスなどと並んで、世界の各地域から難民や亡命者を受け入れてきた。

かってアムステルダムを訪れた私は、移民たちが多い地区の大通りを歩いていて、一軒のパン屋をみつけた。トルコやアラブ諸国出身の移民たちが、ラマダン月(断食をする月)によく食べる大きくて平たいパンを売っているのが眼に留まったのである。店に入ると主人は北イラクから逃れてきたクルド人難民であった。

パンを焼くところを見せてもらっているとき、店内の椅子に腰掛けていた一人の老人が私に話しかけてきた。店主と私との会話で、不意の訪問者が日本人であることに気づいたという。老人は視力を失っていた。病気のせいでも、先天的なものでもなかった。サッダーム・フセイン政権下のイラクで拷問を受け、家族を殺害され、彼自身も視力を失ったのだった。

彼は、かつてバグダードの日本の商社で働いていた。私の手をとって、昔の同僚の名前を懸命に思い出そうとしていた。だが、彼の記憶は、苛烈な拷問によって受けた深い精神的な傷によって、とぎれとぎれになっていて、残念ながら彼が口にした日本人社員の名前もはっきりとは分からなかった。

拷問を受けた彼は、NGOの手で救出され、トルコからギリシャへ、そしてオランダのアムステルダムにたどりついた。オランダ政府は、直ちに彼の難民申請を受け入れ、いまはアムステルダム郊外の難民センターに暮らしている。生活に不自由はない。オランダ政府からの経済的支援もあって、こうして、同じイラクから逃れてきた同胞の店を訪ねておしゃべりをするのが唯一の楽しみだという。あまりにも過酷な体験を淡々と語る彼の表情は穏やかだった。それは、彼自身が語ったように、オランダという小国が、差別や迫害と厳しく向き合ってきたことと無縁ではない。

オランダにいると、こういう光景に日常的に出会う。辛酸をなめてきた難民に対して、人間としての尊厳を取り戻すために援助をおこなう国である。行動の自由、精神の自由を脅かすことにことのほか厳しく対処し、これらを奪われた人びとを支援してきた。さまざまな紛争や内戦による人道への罪を裁いてきた国際司法裁判所が、オランダのデン・ハーグに設置されたのも、こうした姿勢を反映するものといえよう。

トルコ出身の国会議員はいかにして誕生したか

アムステルダムの中心部にあるアンネの家のすぐ裏手に、その昔、デカルトが住んでいた家が残っている。一九九〇年代のはじめごろ、この家を訪ねた。この建物が、アムステルダム外国人センターとして使用されていたからである。ここはアムステルダム市の財政援助を受けるNGOだが、市内のあらゆる移民組織と市議会や行政とを結ぶコーディネーターの役割を果たしている。

そこで私は一人の若いトルコ人と出会った。彼の名はジョシュクン・チョリュズという。移民二世の彼は、アムステルダム大学の法学部を卒業して弁護士資格を取り、このNGOで、トルコ系移民の支援活動をしていた。

その後数年を経て、彼はオランダの国会議員に当選した。トルコ出身の議員は彼で二人目だった。もう一人、彼と同じように、大学を出て移民の支援活動をしていた女性が一足先に当選を果たしていた。二人とも、三十歳を少し超えたばかりの若さである。トルコ人の移民が国会議員にまでなれるという事実に私は驚いた。

当時、私自身、ドイツでの移民問題の調査に区切りをつけ、他のヨーロッパ諸国での実態を学ぼうとしていた。そこで、やはりトルコ出身者が最大の集団になっているオランダを取り上げたのだが、隣国であるにもかかわらず、ムスリム移民が置かれている状況は、まったくと言ってよいほど違っていた。

国会議員になるには、国政選挙での選挙権と被選挙権を持たなければならない。選挙権と被選挙権をあわせた参政権を誰が持てるのかという点について、ドイツとオランダには違いがある。ドイツの場合、地方選挙であれ、国政選挙であれ、参政権をもつにはドイツ国籍が必要である。一方、オランダの場合は、地方選挙に関しては、そもそもオランダ国籍を必要としない。五年以上、合法的に居住している人は基本的に外国籍のままでも参政権をもつことができる。国政選挙に関しては、オランダでも、国籍の取得が必要となる。

したがって、国籍取得が容易か、難しいかによって、国政選挙への参加の可能性は変わってくる。ドイツの場合、国籍取得が血統主義にもとづいていたので、移民がドイツ国籍を取ることが難しかった。現在は、ドイツでも、二世以降の世代に対する国籍取得要件が緩和されてきたので、徐々に国籍取得者が増え、その結果、地方議会のみならず連邦議会にも移民の議員がいる。

定住外国人の参政権

　オランダでは一九八三年に憲法を改正して、外国籍のままでの地方選挙への参政権を認めた。八五年には選挙法などを変更して、その年の地方選挙から定住外国人に参政権を与えた。オランダでも、オランダ人の親から生まれた子どもをオランダ人とするという点はドイツと同じなのだが、オランダ国籍をもたない定住外国人の子どもでも、オランダ生まれの人には、基本的にオランダ国籍を与えている。特に、移民三世については、自動的にオランダ国籍を付与することになっている。

　このように、何人《じん》か、というよりも、どこで生まれたか、によって国籍を与える考え方を出生地主義という。オランダで生まれた子どもならオランダ国籍を得る権利があり、オランダ国籍をもてば自動的にオランダ人となる。ドイツと比べると、はるかに、ホスト国の国民になりやすいのである。

　定住してはいても、オランダ人になりたいと思うか否かは人によるだろう。だから、国籍取得を望まない人でも、身近な政治に参加する権利は保障しようというのがオランダの考え方なのである。なぜ、外国籍のままでも参政権を認めたのかをオランダの政党に聞いてみると、ほぼ同じ答えが返ってくる。「移民も税金を払っているのだから当然だろう」というのである。

　オランダでは、この種の意思決定には、金銭が重要な意味を持っている。長い交易と商業の伝統をもつこの国には、支払ったものに見合う対価を得ることを当然とみなす取引上の公正を重んじるところがある。ここのところは、ドイツとはかなり異なる。ドイツの場合、政治への参加資格として本人の国家への帰属を求めるのに対して、オランダは資格よりも納税という行為を重視する。

各政党のコンセンサス

興味深いのは、憲法を改正して、外国籍のままでの地方参政権を認めるにあたって、各政党間で賛否が分かれたかどうかである。当初、食い違いはあった。オランダの有力政党には、キリスト教民主勢力、労働党、自由民主党、民主66、緑の党左派などがある。労働党と緑の党左派は積極的で、外国籍のままで国政選挙にも参加できるようにすべきだと主張した。一方、リベラル政党といわれる自由民主党は、外国人参政権には否定的な見解をとった。だが結果として各政党は合意し、国政選挙についてはオランダ国籍の取得を条件とし、地方選挙については外国籍でも一定の条件を満たせば付与することになったのである。

コンセンサスを重視するのは、オランダ政治の特色を表している。意見が食い違ったまま、多数決で結果を導き出すという方法でも民主的には違いないのだが、できるだけ合意形成を図ろうとする。このように多くの政党が乱立する状況では、一党が安定与党になることは難しいことがその背景にある。外国人参政権に消極的だった自由民主党も、一度コンセンサスに達した後は、トルコ出身の女性を候補者リストに加えた。

オランダにおけるリベラリズムとは何か

外国人の参政権に否定的な自由民主党がリベラル政党とは？　と不審に思う読者もあるだろう。ここで、オランダにおけるリベラルとはどういうことなのかを少し説明しておきたい。

オランダでは、個人が生きたいように生きる権利を最大限に保障しようとする。つまり個人の信仰や思想信条はもとより、「生き方」そのものについても、他人や公権力が介入すべきではないという意識が発達している。一言でいえばこれをリベラリズムという。そのオランダで、自由民主党がリベラル政党に分類されるのは、自由意思の尊重と相互不干渉を重視しているからである。

日本では、リベラルというと保守的でないという意味で使うことが多いが、オランダの場合、そう単純ではない。他の政党でいえば、キリスト教民主勢力は、敬虔なキリスト教徒の支持を得ているので、宗教的な価値観を守ろうとする点で保守的と言うことができる。宗教的な価値観は、人間に一定の規範を与えるからリベラリズムとはなじまない。

これに対して、労働党というのは、他のヨーロッパ諸国における社会民主勢力にあたり、労働者や労働組合に支持基盤をもっている。キリスト教民主勢力を保守とするなら、労働党がリベラルになりそうなものだが、オランダでは社会民主勢力をリベラルとは呼ばない。緑の党左派は、個人の生きかたや嗜好まで尊重し、安楽死や麻薬についても規制に反対する立場をとる。リベラルを「自由」の意味に取るなら、最もリベラルな政党のはずだが、オランダでは、この政党に対しても「リベラル政党」とは言わない。

両勢力とも、もとをたどると社会主義的なイデオロギーから出発しているから、社会のあり方に対して「かくあるべし」という規範的な主張をもっている。リベラルな人たちは、こういう点にも押し付けがましさを感じて嫌うのである。

移民のイスラーム復興に対して、もっとも批判的な姿勢をとっているのはリベラルな主張を掲げる自由民主党である。キリスト教的な価値観にも、社会主義的な価値観にも、個人の自由意思を阻害するところがあると感じる人たちは、イスラームという宗教の規範性にも、同じように反感を抱いている。

今のオランダは、実に多種多様な文化が混在する国家である。宗教だけでも、カトリック、プロテスタントだけでなくユダヤ教徒もいる。一九六〇年代以降は、これにトルコ、モロッコなどからのムスリムが移民として加わった。かつて植民地だったスリナムやアンティル諸島出身者、さらにインドネシア出身者も移民として暮らしている。

宗教を単位としてみたばあいに、いずれの宗教にも属さない人たちが出てくるので、オランダでは無宗教や無神論の人たちも社会集団として認知されている。さらに、同性愛の人びとがいる。キリスト教も、イスラームも同性愛を認めない。それでは居場所がなくなってしまうので、同性愛者が自由に生きる権利も承認した。無神論者と同じグループに一くくりにするわけにもいかないので、同性愛者もまた、ひとつの社会集団として認知された。

こういう社会だからこそ、「他人に干渉されない」ことを重視する政党が存在するのである。自由民主党が、移民の増加やムスリムに批判的なのは、異質な文化をもつ人間が増えることで、彼らの宗教がもつ規範性が目立つようになって、自分たちの「他人に干渉されない権利」が脅かされるのではないかと懸念しているからである。

文化の柱を立てる権利

オランダは二十世紀の初頭から、きわめて特異な社会システムをつくってきた。日本語としてはこなれないのだが、直訳的に言えば、「列柱型」の社会という。オランダの政治学者レイプハルトはオランダ特有の民主主義を多極共存型民主主義と呼んだが、これもまた列柱型の社会の上に成り立っているのである。

列柱とは、もともとは宗教文化を柱にたとえての表現である。多文化の共生を制度的に保障するシステムの基をなすのが多文化主義の理念である。オランダの面積はおよそ九州ほどしかないうえ、海面すれすれの低い土地なので、人間が住める地域が限られている。人口は都市に集中し人口密度も高い。アムステルダム、ロッテルダム、デン・ハーグ、ユトレヒトなどの大都市は、文字通り世界中の文化が集まる多文化都市である。

二十世紀のはじめに、お互いに自分の宗教に従って自由に生きる権利を保障しあうという社会制度をつくったのも、このような狭い土地で、宗教の違いを理由に争ったのではお互いに消耗してしまうという現実があったことと無縁ではない。

カトリックの信徒は、カトリックのコミュニティで生きることを望んだ。そして、カトリックの学校に通い、カトリックのメディアを利用し、カトリックの老人福祉施設で老後の生活をおくり、カトリックの墓地に埋葬してもらうことを権利として確立した。プロテスタントも、同じ権利を持った。社会主義が広がってオランダにも無神論者が増えてくると、彼らも同じ権利を求めた。

こうして、カトリック、プロテスタント、社会主義者(宗教的には無神論者)という三本の柱が立ち並ぶようになった。「文化の柱」を立てるというところから「柱状化」という。柱状化する場合、関連する施設をもつことが権利として認められるだけでなく、国家によって財政的な支援を受けられる。学校もそうで、カトリックやプロテスタント、そして社会主義者のための無宗教の学校は、いずれも公的財源によって運営されるから、いわば公立の学校として設立できることになる。それぞれの放送局も、国家が運営するテレビ放送の枠内に、一定の時間を確保して、各々の「柱」にふさわしい番組を放送する権利をもつ。

ユダヤ教徒も、権利の上では彼らの宗教にしたがって生きる自由をもっている。リベラルの人たちも、他者の干渉を排除して生きる自由をもっている。しかし、ユダヤ教徒もリベラルの人たちも、経済的に富裕層が多かったためか、柱状化して政府の支援を受けようとはしなかった。

二十世紀の後半になって、オランダにムスリムの移民が参入してきた。移民労働者からなるムスリムの社会は、経済的には低い階層をなしていた。そこで彼らは、オランダ独自の柱状化を権利として積極的に推し進めた。政党のなかでは、過去に柱状化の中心であったカトリックとプロテスタント双方の支持を受けるキリスト教民主勢力が、ムスリムの柱状化を支持した。

多文化主義のルール

この国の多文化主義というものを理解するうえで、たいへん重要なポイントがある。それは、他者の生きかたを権利として保障することと、他者を理解することは全く関係ないということである。まして、他者の生き方を尊重することが、他者を好きになることを意味するわけでもない。

カトリックの人がプロテスタントの権利を保障してはいても、それはプロテスタントを理解しているわけでもなければ、プロテスタントを好きなわけでもないのである。多文化主義という言葉は日本でもよく使われる。日本では、相互理解の上に多文化の共生を図る思想という意味が込められているが、そのような多文化主義はオランダには存在しない。

一歩進んで言えば、理想主義的な意味で、お互いの違いを理解した上で存在を認め合うことを多文化主義と言うことはできても、実際にそういう制度を構築するのは容易ではない。

オランダにおいて、ムスリムは、確かに、カトリックやプロテスタントと同じ柱状化の権利を持った。だからといって、ムスリムが好かれているわけでもなければ、イスラームが理解されているわけでもないのである。現実は逆で、イスラームは全く理解されていないし、ムスリムは好かれてはいない。

まじめに異文化と向き合ったりすると、あそこが気に入らない、ここはどうにかしてほしい、人はさまざまな意見を主張することになる。ドイツ社会には、異質な存在に対して過剰に神経質なところがあって、文化的・社会的な同化を求めてきたが、オランダ人は、見ざる、言わざる、聞かざるに徹するルールを作り上げたと言ってもよい。そのルールを制度化する基になったのが多文化主義である。

その意味では、多文化主義(multiculturalism)という言葉そのものが誤解を招いている面は否定できない。オランダの文脈での多文化主義とは、異なる文化のあいだに相互理解を想定せず、国家に複数の文化を統合するための方策である。複数の文化の共存をいかなる制度によって保障するのかを言い表すには、文化の多元主義(cultural pluralism)という方が適切であるように思われる。

ここでは、リベラルな人たちの存在を、ひとつの集団として扱ったが、カトリックやプロテスタント、そして社会主義の人たちが、リベラリズムと無縁だったわけではない。彼らにしても、自由意思の尊重と他者からの干渉の排除を基調とするリベラリズムがあったからこそ、自分たちの居場所としての「柱」を立てることができたのである。その意味では、リベラリズムとは、オランダ社会の基盤をなす思想と言ってよい。

2　寛容とはなにか

保守的なムスリムとキリスト教政党の接近

さて、この章の最初に登場したトルコ系国会議員ジョシュクン・チョリュズに話を戻そう。

三十代半ばにして国会議員となった彼は、外見からは全くムスリムらしさを感じさせない。顎鬚など伸ばしていないし、スーツをスマートに着こなしオランダのエリートそのものである。しかし彼は敬虔なムスリムである。酒は一滴も飲まないし、礼拝や断食も守る。本人も、敬虔なムスリムであることを公言してはばからない。

そして、彼はキリスト教民主勢力の国会議員である。党は彼が敬虔なムスリムであることを承知で入党を認め、国会議員の候補リストに載せた。移民にも参政権を認めた以上、彼らも有権者である。好きか嫌いかはともかく、移民たちの代表を候補者にいれるのは、政党として当然の選択だった。保守的なムスリムのチョリュズがキリスト教政党の候補者になったことは、オランダのキリスト教政党が異文化に「寛容」だったことを示している。

ここで言う寛容とは、本質的には違和感を抱いていても、利害が一致するなら眼をつぶろうという意味に近い。実は、保守的なムスリムとキリスト教政党の主張は、ある面で一致している。覚醒したムスリムは、個人の自由を最大限に認めるオランダ社会に受け入れがたいものを感じている。とくに、男女関係や性的関係にほとんど規制がないこと、伝統的な家族像が崩壊していること、そして麻薬の使用にも寛大なことに対して強い違和感を抱いている。

これらの点に関して、保守的なキリスト教徒も似たような意見をもっている。そこで、敬虔なムスリムには、自分たちの道徳観に近いキリスト教民主勢力を支持する人が少なくない。政

モスクでのおしゃべりは貴重な情報交換

党の側も、保守的なムスリム票を期待して、チョリュズを候補者に加えたのである。

ムスリム移民がイスラーム政党をつくったとしても、人口比では数パーセントにしかならないので、政党別の比例代表制をとるオランダの議会で有力な位置を占めることはできない。それならば、ムスリム移民の側も、自分たちの価値観に近い政党に、ムスリムの議員がいてくれるほうが意見を反映させやすいのである。

リベラリズムと寛容の精神

こうして見てくると、オランダにおける「寛容」というのは、なかなか一筋縄では理解しがたい。英語では寛容を tolerance という。オランダ語でもドイツ語でも似たような言葉である。オランダでは、イスラームとの共生、異文化との共生が議論になるとき、必ずといってよいほど、寛容という言葉が登場する。日本語で寛容というと、広い心、優しい心を持ち、自分とは異なる意見の持ち主であっても平等に処遇することをイメージする。オランダでも、他者との平等を認める点では同じである。

しかし、オランダで言う寛容、あるいはヨーロッパ社会でいう寛容には、もう少し冷徹な意味がある。簡単に言えば、他者に同じ権利を認めるが、他者に関心や共感を持つ必要はないのである。オランダ社会は、イスラームがヨーロッパ社会の価値体系と隔たっていても、同じ社会に生きるムスリムの権利を否定してよいとは考えなかった。キリスト教徒や無神論者に柱状化を認めてきた経緯があるので、ムスリムにも同等の権利を与えたのである。

ムスリムが生きたいように生きる権利を承認するのだから、当事者のムスリムにとっては、生きやすい社会ということになる。ホスト社会の文化との摩擦に日々苦しむということもない。ホスト社会から、絶えず「いつになったら帰ってくれるのかい?」などと問われることもない。スカーフを着用しようが、顎鬚を伸ばそうが干渉されないのだから、先に書いたドイツや、次の章で書くフランスの状況とは大いに異なっている。

だが、生きたいように生きる権利が保障されていることと、他者としてのムスリムへの理解があることとは一致しない。実際、オランダ人の多くはムスリムがどういう人間かを知ろうとはしなかったし、関心も抱いていなかった。スカーフや顎鬚に不快感を抱くオランダ人はいたが、それを表に出して非難しなかったのである。

公的財源によるイスラーム学校

オランダの寛容をもっともよく体現しているのが教育の現場である。オランダでは、文化の柱をもつことが権利とされているから、カトリック教徒がカトリックの学校をもつのと同じように、ムスリムもまたイスラームの学校をもつことが認められている。二十一世紀の初め、オランダ全国には四十あまりのイスラーム小学校があった。教育内容は、オランダ政府の定めた共通のカリキュラムに従うのだが、それ以外に、イスラーム教育やアラビア語などの授業を受けることになる。授業そのものはオランダ語で行われている。

日本では、公教育は宗教から中立であり、宗教系の学校は設立することはできても私立校に限られる。だがオランダでは、無宗教の学校だけが公立学校ではないのである。カトリックであろうと、プロテスタントであろうと、ユダヤ教であろうと、イスラームであろうと行政の財政支援で運営されるので公立学校とかわらない。つまり公教育が宗教から中立でなければならないという観念がオランダには存在しないことになる。

もちろん、ムスリムであっても、イスラーム学校に行きたくなければ、無宗教の学校へ行くことができる。低家賃の公共住宅が集中する地区の学校には移民の子どもたちが多い。低所得層のオランダ人も住んでいるのだが、彼らは子どもを移民街の外にある学校に通わせようとする。移民の子どもたちと一緒に学ばせると、移民たちがオランダ語の習得が不十分なため、自分の子どもの学力が低下することを恐れているからである。オランダでは、基本的に学校区の制度がなく、自由意思にもとづいてどこの学校でも学ぶことができる。

白い学校・黒い学校

オランダでは、自分の子どもを移民と一緒に学ばせないことも個人の自由だから、移民子弟のいない学校に子どもを通わせることもまた自由であり権利となる。その結果、アムステルダムやロッテルダムでは、「白い学校」と「黒い学校」の隔離がおきてしまった。白い学校、黒い学校とは、ずいぶんあからさまな表現である。

この用語は、オランダ社会や行政でも使われている。白い学校とは、白人ネイティブのオランダ人が集中する学校を意味し、黒い学校とは移民が集中する学校のことである。必ずしも黒人を指すわけではないが、白人の移民というのは少数であるから、非白人の移民集団を指していることは言うまでもない。トルコ系やモロッコ系移民も黒人ではないが、彼らの多い学校は「黒い学校」といわれる。

最初にこの言葉を聞いたとき、人種差別的な表現だと感じた。もちろん、白い学校と黒い学校に分かれてしまうことは社会的な問題だという意識はオランダ社会にもある。だが、必ずしもそれは差別だとは認識されていない。経済的に底辺層に集中しがちな移民たちは、家賃の安い地区に集中する。したがって、その地区の学校には移民の子どもたちが集中する。

そのことをわが子の教育上好ましくないと思うなら、白人オランダ人の親は、他の地区の無宗教学校や、同じ地区でもカトリックかプロテスタントの学校に通わせればよい。移民の親にしても、移民集中地区の学校に通わせたくなければ、そうすればよい。だから差別ではないというのである。

だが、結果的にそうなったとはいえ、学校を「白」と「黒」に分けてはばからない感覚には、やはり一種の危うさを感じる。白人と非白人とを強制的に分けるのならオランダ社会でも差別に当たるのではないか。もし、強制的に両者を隔離すると、かつて南アフリカで行われてきたアパルトヘイトと同じだが、アパルトヘイトという言葉は、南アに入植したオランダ人たちがつくりだしたことを思い出さずにはいられない。

たしかに、非白人の移民を強制的に隔離したわけではない。しかし、自分の領域のなかで「見たくない人間」を見ないですますことを権利とするなら、他者を隔離することと、さほど違わない。自由意思の尊重とアパルトヘイトという強制隔離は紙一重の違いなのである。

このような言い方には、オランダ社会にも異論があるだろう。現在のオランダは、白人優位の社会ではなく、人種、民族、文化が異なる人々にも、白人のオランダ人と同等の権限を保障している。オランダは、柱状化の権利を認めることで、多文化主義を制度的に保障してきた。先に見たイスラーム小学校の公費負担もまた、その一例である。柱状化の権利を要求しなかった社会集団の場合でも、たとえば同性愛者やシングルマザーも、そうでない人とのあいだに権利上の平等が保障される。

オランダ社会の実態は、リベラリズムと寛容の精神とが互いに拮抗している状態と言うことができる。一方に、個人の自由意思を尊重するリベラリズムがあり、他方に、自由意思を他者にも承認する寛容の精神が存在する。白い学校と黒い学校に分離していることとイスラーム学校の設立が認められていること——前者はリベラリズムの帰結であり、後者は寛容の帰結である。だが、両者は別々に生まれたものではない。寛容の精神それ自体、リベラリズムの本質をなす「相互不干渉による自由」を他者に対して認めるところに生まれるからである。

オランダ人が寛容という言葉を連発する背景には、ナチス・ドイツによるオランダ占領の忌まわしい記憶もある。執拗に自らの社会を「寛容」ということばで表現しようとするのは、オランダを蹂躙しリベラリズムと多文化主義を粉砕したナチスの全体主義を否定する感情がにじみでている。オランダが歴史のなかで培ってきたものを陵辱したドイツに対抗する意味もあって、いまもなお、オランダ人は「寛容」をもって自らのアイデンティティ、あるいは自らの盾としようとするのである。

柱状化の限界

さて、リベラリズムと寛容の精神は、いつまでもバランスを維持しながら並存しうるものなのだろうか。二十一世紀を迎えた現在、この問いに対する私の答えは否定的にならざるをえない。二十世紀の後半には、自分たちの文化を「柱」として立てていくことに対して、もはや時代遅れだという否定的な意見が出始めた。カトリックやプロテスタントなど、先行する「文化の柱」は、すでに過去のように堅固な柱ではなくなった。カトリックやプロテスタントのコミュニティの中に閉じこもって生きていく人も少なくなり、経済的にも上昇し、国家の財政負担で柱を立ててもらう必要はなくなっていた。

社会主義、またはその宗教的側面である無神論という二つの十九世紀以降のイデオロギーによる柱も、イデオロギーの時代が終焉を迎えるにつれて堅固な要塞を必要としなくなった。つまり、近代から現代にかけて、もともとオランダに誕生したいくつかの「文化の柱」は、すでに柱状化を権利として保障する意義が薄れつつある。

しかし、労働移民の受け入れによって、イスラームという宗教文化が新たにオランダ社会に参入した。比較的少数ではあるが、ヒンドゥー教徒も参入した。彼らは、七〇年代から定住する傾向をはっきりさせてきた。

そこで政府は、移民たちの宗教文化にも過去と同様「柱状化」の権利を保障した。新たな社会参加の方法を見いだすことができなかったので、従来どおり柱状化によって社会に居場所を創りだすという方法が提示されたのである。

だが、「柱状化」の意義は薄れたと考える人々が多数を占めるようになってきた時代に、イスラームという柱が立てられたことに苛立ちを覚える人びとも増えた。最初に、イスラームへの違和感をあからさまに表明したのは、自由民主党のリーダー、ボルケステインであった。彼は、移民の多数が信仰しているイスラームに対して批判的見解を明らかにした。その内容は、西欧世界によくみられるタイプのもので、イスラームが人権を抑圧する宗教であり、成人女性のスカーフないしヴェール着用は、男性による女性抑圧のシンボルだというのである。

九〇年代の初めに起きたこの批判は、リベラリズムと寛容のバランスが崩れ、前者の主張が突出したことを表している。オランダで、このような主張が公然となされたことは、国内にも少なからぬ衝撃を与えた。それまで、ひたすら「寛容」を呪文のように唱えてきた国だったからである。しかし、ボルケステインの演説もオランダ的リベラリズムを敷衍したものと受け取られるようにできていた。

彼の論理は以下のように展開された。イスラームという宗教は他人の信仰に干渉する。スカーフやヴェールを着用しろと女性に要求すること自体、他人への干渉であって、リベラリズムに反する。こういうイスラームの信徒が、オランダに増えすぎた。これでは、オランダ社会が大切にしてきたリベラリズムの伝統が危機に瀕する。したがって、いまさら強固なイスラームの「柱」を立てることは、オランダ社会を分裂させる恐れがある。

もちろん、ムスリム移民たちは強く反発した。ムスリム移民といえども、オランダでは選挙権をもつ人が多いから、当然、彼らの声を無視できない。オランダでは、「他人の宗教を批判すること」もまた、他者の自由に干渉する行為とみなされるから、ボルケスティンの批判は、逆転して彼自身にも向けられた。キリスト教民主勢力のような保守派は、宗教文化の柱を立てることに肯定的な姿勢を示していたから、イスラームであろうと、「柱状化」の権利を否定するような発言に反発した。

九・一一の衝撃と反イスラーム

一九九〇年代の前半まで、こうして、オランダのイスラームは、ときに批判の眼差しを受けながらも、この国独特の多文化主義のおかげで、自分たちが生きやすいコミュニティをつくることができた。実際、ヨーロッパ諸国の中で、オランダのムスリムたちは、驚くほど組織化が進み柱状化を進めたのである。モスク、イスラーム小学校、イスラーム大学、イスラーム教徒用の高齢者福祉施設、イスラーム放送局などが相次いで設立された。

移民たちのなかで、これほど「柱」の建設にこだわるのはイスラーム教徒だけである。イスラーム教徒の多数を占めるのは、トルコ、モロッコ、スリナム、インドネシア出身者だが、彼らの中で、トルコ出身のムスリムが、最もしっかりした柱を造ろうとしている。トルコ出身者は民族アイデンティティが強固で、同郷者のつながりも強く、集団化しやすいという特徴を備えていたからである。

この点も、オランダ社会の側からは、相反する評価を受けることになった。いまだに柱状化こそオランダでの社会統合の鍵だとみなす人びとからは、よく固まっているトルコ系イスラーム組織は、オランダへの統合に積極的とみなされる。自らの宗教文化を維持したまま、つまりしっかり「柱」を立ててオランダ社会に参加していることを、よく統合された状態とみなしてきたのである。

しかし、トルコ政府系のイスラーム組織が、トルコ共和国という国家の主張する民族主義を唱えることは反発を招いた。というのはオランダは、その「寛容」の精神によって、多くのクルド人を受け入れてきた。クルド人の分離独立運動は、イラクのみならずトルコでも厳しく弾圧されてきた。したがって、トルコ系の組織が民族的な主張を表に出すと、オランダ社会も政府も不快感を隠さなかったのである。

柱状化など時代に逆行した動きだと批判する人びとにとっては、イスラーム組織そのものが目障りな存在と映った。そして二十一世紀を迎えるや否や、オランダではイスラームとの共生に関して注目すべき事件が相次いだ。その一つは、九・一一後に次々と起きたイスラーム関連施設への暴力事件だった。モスクへの投石や放火、顎鬚やスカーフで歩いているムスリム移民への暴行や暴言は急激に増加した。暴力事件の件数は、九・一一以降の一、二か月でおよそ七十件に上ったという。

私はその直後にアムステルダムを訪問し、オランダ人やトルコ人と対話を重ねた。みな一様に驚きを隠さなかった。双方とも、まさか寛容なオランダでそんなことが起きようとは思わなかったというのである。イスラーム組織の指導者たちは、つとめて冷静を装っていた。寛容を掲げるオランダ政府は対応に苦慮していた。当時のヴィム・コク首相(労働党)は、イスラーム指導者と面会して、ムスリムを敵視していないことをアピールした。オランダは米英に協調し、アフガニスタンに派兵していたので、親米・反イスラームとみなされることに神経を尖らせていたのだった。

だが、私にはこの事件が一過性のものとは思えなかった。九〇年代半ばのボルケステイン発言が示したように、イスラームが柱状化を進めて目立つ存在になっていることに不快感を抱く人は増加していた。そのため、何かの拍子に不快感が暴力となって表れる可能性はあると感じていたからである。九・一一の衝撃は、アメリカのみならず、ヨーロッパにおいても、確実に反イスラーム的空気を強めた。

ピム・フォルタウィン党の躍進

二〇〇二年、オランダでは奇妙な政党が突然躍進し、あっというまに総選挙で第二党の地位を占めた。党名は党首の名前をとってピム・フォルタウィン党という。フォルタウィン党というくらいだから、この人物のカリスマ性だけが頼りの政党だったのだが、党首自身は総選挙の直前に凶弾に斃れてしまった。選挙で勝利したものの、指導者を欠いたことですぐに分裂をおこし、政治的影響力は弱まったのだが、フォルタウィンは、多すぎる移民がオランダの法と秩序を危機に陥れていること、イスラームは同性愛者を非難するなど寛容の精神に欠け、遅れた宗教であるというイスラーム批判を掲げていた。

彼の政党がにわかに支持を集めたことは、オランダ社会におけるリベラリズムと寛容が、もはやバランスを保つことができなくなっていることを示していた。リベラリズムだけが突出してきたのである。目障りなムスリムが自分たちの領域を侵犯しているという反感が、個人の自由を尊重するリベラリズムの名を借りて表出したと言ってもよい。

もちろん、九・一一以降の暴力事件から冷静さを取り戻したときと同じように、フォルタウィン旋風もすぐに冷めていった。しかし、これらの突発的現象は、潜在的な反イスラーム・反移民感情が、社会の表面に公然と姿を現すようになったことを示した。オランダはムスリム移民にとって、もはや寛容の国ではなくなりつつある。

3　ムスリムはヨーロッパに何を見たか

欲望の渦巻くヨーロッパ

出稼ぎ労働者としてオランダにやってきたムスリムは、この国が、ありとあらゆる欲望を満たしてくれることにすぐに気づいた。モスクに集まってくるムスリムに、オランダとはどんな国かと尋ねると、答えは決まっている。

「麻薬のような国。あらゆる欲望を叶えてくれる自由がある。しかし、それゆえに気をつけないと道を踏み外してしまうのだ。」

かつてこの国のムスリムに、オランダに暮らしていて、どういうときにムスリムで良かったと感じるのかとアンケートをしたところ、興味深い答えを発見した。「オランダのテレビドラマで不倫のシーンをみたとき」というのである。オランダに限らず、西欧世界や日本では、ストーリーに婚姻外の男女関係が絡むものは珍しくもない。だが、ムスリムのあいだにはそういうシーンに嫌悪感を抱く人が少なくない。

こういうムスリムの反応を「古臭い」と言ってしまうと彼らの実像は見えなくなる。日本でも西欧のキリスト教社会でもそうだが、過去には「不倫」は不道徳なものとして罰せられた。むろん今でも推奨される行為ではないが、社会の実態は、かつての道徳を押しのけてしまった。しかし、イスラーム社会では、時代の変化が神の定めた道徳を押しのけることはない。神に絶対的に従うことをムスリムというのだから、神が禁じた行為を「時代も変わったのだから」などと歪めることはできない。

「自由意思」に基づくオランダ社会

オランダ社会には、イスラームの道徳規定に照らして、あまりにふさわしくないものが数多く許されている。アルコールはもちろん許される。ポルノグラフィをはじめ性的表現についても子どもへの性的虐待を含まない限りほとんど規制がない。売春も「飾り窓」と称する売春街の存在をみても明らかなように公認されている。

麻薬に関しても、大麻などのソフトドラッグは許されている。オランダでは、コーヒーショップという看板を掲げた店を街のあちこちでみかける。これは喫茶店のことではなく、マリファナを嗜む店である。販売量などに細かい規制はあるものの、販売を公認されている。ヘロインなどのハードドラッグは禁じられているものの、中毒者には公共の施設で一定量の麻薬を与えている。不衛生な注射針を使い回して他人を病気に感染させるより、清潔な注射器を行政が管理して麻薬を与える方が、公共の利益になると判断されているからである。麻薬中毒に陥るのも個人の自由意思ということになる。

同性愛に対する社会的規制も存在しない。結婚しないで子育てをすることも何ら問題とされないだけでなく、政府の支援を受けることもできる。まして未婚の男女の性的関係にもほとんど規制がない。安楽死も一定の条件のもとで合法化されている。これらの現象が、個人の自由意思の尊重というリベラリズムに由来していることは、すでに述べたとおりである。

しかし、イスラームは、これらのすべてを禁じている。アルコールに対する禁止は比較的弱いもので、飲んでしまったからといって背教者扱いされることはないが、麻薬は絶対的に禁じられる。酒ではいきなり信徒の共同体が破壊されることはないが、麻薬中毒になれば、確実に家族は破滅し、ひいては信徒の共同体を破壊する。家族の一体性を脅かす行為は、信徒の共同体を破壊する行為として厳格に禁止されている。

トルコ人をはじめとしてムスリムの労働者は、多くの場合、単身の男性だった。独身の若い男性か、結婚していても妻や子どもを母国に残しての単身出稼ぎであった。彼らはイスラームが禁じている行為に手を染めてしまうことも少なくなかった。モスクで出会った男性が、しばしばアムステルダムのことを「欲望に満ち溢れた都市」と表現するのは、実際にそういう場所に足を踏み入れたことがあるからである。

欲望に背を向けたムスリム移民

しかし、一九七三年に第一次石油危機が発生し、ヨーロッパ諸国が一斉に外国人労働者の新規募集を中止すると、オランダでも家族の呼び寄せが始まった。家族と共に暮らせるようになったことは、生活は苦しくとも、男性の労働者たちに大きな安らぎを与えた。酒や売春という禁じられた行為に吸い寄せられなくなったからである。

そして今度は、オランダ社会の「悪弊」が、家族に影響を及ぼさないかと不安にかられはじめた。男性たち自身が、オランダ社会の怖さを身をもって知っていたので、急速に、イスラーム的道徳の実践に向かい始めた。これがオランダ社会におけるムスリムとしての覚醒の契機である。個人としての覚醒は、同じムスリムどうしの連帯を強め、組織化に進んでいった。

オランダ社会でも、もちろん昔から同性愛やシングルマザーが許容されてきたわけではない。かつてキリスト教会によって否定されていたものが、徐々に社会のコンセンサスを得て許容されてきたのである。そして、この変化こそ、「寛容」の道筋であると同時に、「社会の進化」あ

アムステルダムのモスクでの金曜礼拝

るいは「進歩」を示すものと受け止められている。

近代以来、ヨーロッパの人びとは、社会とは啓蒙主義と合理主義の精神に導かれて進歩していくものにほかならないと信じてきた。キリスト教やその教会を、啓蒙主義や合理主義を邪魔立てする存在と考える人びとは、徐々に増えていった。

たしかに、同性であっても愛し合っているのだから結婚して何が悪いのか？ と問われたとき、伝統的価値や宗教上の道徳を持ち出さないかぎり反論することは困難である。ヨーロッパ社会では、中世の時代に教会が人間の自由を縛っていた。だからこそ、こうした宗教に由来する道徳から自由になることを歴史的な進歩と思い込んだ。こうして啓蒙主義や合理主義は、近代から現代にいたる発展のなかで、オランダのみならず、広くヨーロッパ社会で共有されるようになった。

しかし、その一方でヨーロッパ社会には、自分たちの社会がたどってきた道筋を、ひょっとしたら「退化」ではないかと疑う思考回路が欠落していた。そしてこの欠落はムスリムの社会認識と大いに異なる点である。ムスリムは、たえず自分の暮らしている国家や社会が、イスラームに反する方向に進んでいるのではないかという懐疑の念を抱いている。近代以降、西欧の圧倒的な力の前に、次々に西欧的システムの導入を余儀なくされた中東・イスラーム世界諸国では、とりわけこの思いが強い。

だからこそ、社会や国家がイスラームに反する方向に進んでいくと、イスラーム復興による世直し的な運動が盛んになるのである。オランダにおけるイスラーム復興の動機も基本的には同じところから出発している。ただし、移民たちは、オランダ社会をイスラーム的に改革しようなどとは考えていない。社会の中でムスリムとして正しく生きる自由を望んだにすぎない。そして、オランダは、彼らの最大限の自由を保障した。その結果、彼らは、およそ何の規制も受けずに、イスラーム組織を拡大していった。ドイツにおいて警察から監視の対象になっている大規模な信徒組織でさえ、オランダでは、社会統合を促進しているとして政府から評価されてきたのである。

アムステルダムにあるモスクを訪れると、オランダの学校に通う生徒のための補習教室、青少年を麻薬から遠ざけるためのスポーツや文化活動の施設、高齢者が集いやすいように作られたチャイ・ハネ(喫茶店)、レストラン、市価より安く日用品や食料品を販売するマーケットまで併設されている。外国人である私たちが訪れても、彼らは快く受け入れてくれる。今までに何度も学生を連れていったことがあるが、インタビューもビデオの撮影も拒否されたことはない。同じ組織でも、ベルリンの場合には、なかなかインタビューに応じてもらえないことを考えると、明らかに、オランダ社会で活動してきたために、閉鎖的な方向に進まなかったことがわかる。

「寛容」の伝統はどこへ行くか?

だが、オランダのイスラーム組織でも、ホスト社会の側がムスリムの信仰実践に干渉すれば、信仰と信徒共同体を防衛するために閉鎖的性格を帯びることになるだろう。まだ、はっきりとそういった傾向を読み取ることはできないが、ムスリムに対する暴力事件やフォルタウィン党の登場、さらに他のヨーロッパ諸国でイスラーム組織への監視が強化されていることを考えると、オランダでもイスラーム組織に対する規制が強化されるのは時間の問題といえそうである。

先読みすることは学問的な態度ではないが、仮にそうなった場合でも、オランダ社会の側は、自分たちが不寛容になったとは決して言わないだろう。自己否定につながるからである。これまでにも前兆があるように、オランダでのイスラーム批判は、「自分たちが築き上げてきた寛容の精神がイスラームの偏狭と不寛容によって危機に瀕している」という複雑なレトリックで表現される。

自分たちは寛容の精神でムスリムの権利を認めてきた。しかしムスリムは、テロを起こし、女性を抑圧し、ヨーロッパの普遍的価値を学ぼうとしない。これはイスラームという宗教が偏狭で不寛容だからだ。それなら、私たちも、いつまでも寛容の精神で接することはできない。嚙み砕いて言うとこういう論理でイスラームを批判するのである。そこに、柱状化への批判、すなわち、柱状化をいつまでも認めているとオランダ社会の統合が成り立たないという批判が加わる。

ピム・フォルタウィンのように、極端な移民排斥や反イスラームを主張する人物が政党を結成し、大きな支持を得るにいたったのも、皮肉なことに、一種の柱状化現象であった。既存のキリスト教宗派や古い無神論者にとって柱状化は意味を失った。だが、九・一一以降、増えすぎたムスリム移民への批判が、フォルタウィンという人物を中心に、あたかも一つの「柱」を立てるかのような現象を引き起こしたのだといってよい。

二十一世紀初頭のオランダ社会には、ムスリム移民に対しては、もはや多文化主義にもとづく柱状化の制度をこれ以上認めたくないという思いが鬱積しつつある。その一方で、ムスリムを排斥するためには、別の柱状化現象が突如として発生している。この不安定な状況に、オランダ社会はどのように向き合っていくのだろうか。これまで、オランダ人が他のヨーロッパ諸国に向けて胸を張って主張してきた「寛容」の精神とその伝統は、ムスリムとの共生というヨーロッパ史上初の実験にも、ポジティブな答えを見出すことができるのだろうか。

Ⅲ章

隣人から見た「自由・平等・博愛」

―フランス―

パリ市内の移民街

1　なぜ「郊外」は嫌われるのか

ネガティブな意味での「郊外」

パリ北駅から郊外(バンリュウ banlieues)へ向かう電車に乗る。シャルル・ドゴール空港行きと同じ方向である。世界からパリを訪れる人たちが集まるドゴール空港とパリ市内とのあいだに、郊外の移民集中地区がある。その一つ、クールヌーヴという駅で降りてみる。駅前には若者がたむろしている。私も、タバコをねだられたり、荷物をひったくられそうになった経験がある。そこからバスに乗っていくと、次々に巨大な高層アパート群が現われる。多くの移民が暮らす公共住宅である。

フランス、とくにパリのような大都市にとって「郊外」とは特別な響きをもつ。簡単に言えば、中流層の市民が住みたいとは思わない地区、犯罪が多発して治安が悪い地区、低所得層の移民が集中している地区のことである。郊外というと、イギリスやドイツでは、庭付き一戸建ての住宅があって中流層のあこがれの地区というイメージがあるが、フランスの大都市では、ネガティブな意味になる。郊外《バンリュウ》の問題というのは、しばしば移民問題と同じ意味で語られてきた。

正確に言えば、問題となっている郊外はパリの北に広がる地域を主に指している。他の方角に広がる地域も郊外には違いないのだが、低所得層向けの公共住宅が集中していないので、問題地区としての「郊外」とは同一視されない。そのため普通はバンリュウとは呼ばない。

パリ市内では、整然とした町並みを維持するために、建物を新築したり、高層ビルに立て替えることが規制されている。フランスもまた、第二次世界大戦後の経済復興のために、国内の農村や外国から労働力を受け入れてきた。だが、彼らを受け入れるゆとりは、パリ市内にはなかった。市内では家賃も地価も上昇していったので、低所得層向けの公共住宅は、否応なく郊外に立地せざるをえなくなったのである。

階層の問題としての「郊外」

こうして、低所得層が集中する「郊外」ができあがった。現代のフランスで、低所得層の核をなしている移民たちの場合、言葉の問題もあって、低学歴にとどまりやすい。そのため、給料の良い仕事を得るチャンスは低く、失業の危険にさらされている。

とくに、若い移民たちが失業している場合、やり場のない不満が犯罪に結びつくことがあり、警察は彼らが集中する郊外を問題多発地区とみなすようになった。警官隊と移民の若者との衝突が新聞紙上を賑わすようになり、一般の市民からも「郊外」は危険な地区と認識されるようになった。

「郊外」の問題は、当初、貧困と失業という経済問題によるものとされていた。もし単純に経済格差の問題であるなら、所得が増えていけば問題は解消するはずだ。郊外に住むネイティブのフランス人にとっては、確かにそのとおりであった。しかし、貧困層の多くを占める移民たちにとって、問題は所得や失業だけではなかった。これまでに見てきたドイツやオランダとは質的に異なるものの、彼らもまた民族や文化の相違による差別の問題と向き合わなければならなかった。とりわけ第二世代以降の若者たちは、フランスにおいて、いったい「何者」として生きるのかというアイデンティティの問題に直面するようになっていたのである。

フランス社会の側も、八〇年代には、「郊外」の主役たちが、マグリブ(北アフリカ)や西アフリカからの移民であることに注目するようになった。それは、移民の増加がホスト社会から疎まれるようになっていく時期と重なっていた。

それだけでなく、九〇年代に入ると、パリやマルセイユなどの大都市を中心に、さまざまな手段で密入国して働く人びとが急増した。何も身分を証明するものがないので、サン・パピエ(証明書なし)と呼ばれた彼らは、何の保障もないまま劣悪な労働条件で働いていた。フランス社会からは彼らに対して人間的な処遇を求める声があがった。その一方で、彼らを追放せよという声もあがった。

サン・パピエと呼ばれた人びとは居住許可を持たないので、「郊外」の公共住宅の住民ではない。しかし、急増する移民に対して不快感を抱く人びとは、不法滞在の移民たちと、郊外で問題を起こす移民たちとを必ずしも識別しなかった。しばしば、同じ移民問題の一部として扱われてきた。

平等原則のもとでの差別

フランス共和国の基本原則といえば、誰でも「自由・平等・博愛」(liberté, égalité, fraternité)を思い浮かべる。この原則はフランス市民に等しく適用される。フランスの場合、フランス人というものを、ドイツのように血統で考える原理がない。フランス国民になるということは、フランス共和国の理念や原則を受け入れ、共和国と契約を結ぶことを意味する。その人の民族的出自や出身国は関係ない。このことは、フランス人がフランスの国民概念とドイツの国民概念を比較するときに、かならず引き合いに出す根本的な相違である。

したがって、出自の民族、文化や宗教が何であっても、フランス国民となれば、移民にも平等原則が適用される。簡単に言えば、アルジェリアから来た人であろうが、ベトナムから来た人であろうが、フランス国民になれば、平等な権利を持つことができる。

そのため、移民たちが郊外に住むのは、単に彼らの所得が低いからであって、フランス社会が移民を差別した結果ではないということになる。しかし、将来の希望に乏しい移民の若者たちのあいだには、「そんなはずはないだろう」という醒めた確信がある。彼らは日常生活の中で、幾度となく、出自の民族や文化による差別を経験してきたからである。

フランスにおける差別の問題を考えるために一つの例を挙げてみよう。ある北アフリカ出身の移民が、買い物をしようとしてフランス人の店員に意地悪をされたとする。彼がそのことを周囲のフランス人の友人たちに訴えると、同情を集める。だが、友人たちは必ず「すべてのフランス人が、そんな差別的な人間ではない。フランスでは、どこから来た人であれ、きちんと平等な権利が保障されているじゃないか」と付け加える。

差別は悪である。差別する人間は許されない。しかし、それは差別をした「個人」の問題であって、フランス社会が移民に差別的な態度をとっているわけでもなければ、フランス共和国に差別を容認する制度があるわけでもない、という論理である。それは事実であって、建前と本音を使いわけている訳ではない。ただし、フランスという国は、明快な平等原則を国是としているために、現実に起きる差別が個人の問題に帰されてしまい、結果として隠蔽されやすい構造をもつのである。

自由と平等に不可欠なフランス語

フランス国民になるために契約を結ぶには、フランス語を十分に理解しなければならない。フランス革命以来、この国と社会が培ってきた民主主義や人権に関する理念、そして国家の規範などを知るには、歴史と思想に対する十分な理解が必要である。世界中で普遍的な価値とみなされている民主主義や人権の概念を創りだし、それらを制度として確立するまでに多くの血を流し、衝突と和解を繰り返しながら今日の共和国を創り上げたことへの誇りは並大抵のものではない。

多くの思想家、作家、芸術家、そしてあらゆる分野の学者たちが、フランス語によって意見を発表し、書物の形に残した。それらは、広く市民の間に流布し、批判を受け、受容され、また新たな思想的な発展や深化を遂げ、総体としてフランス的なる精神を育んできたのである。だからこそ、フランス人はもちろんのこと、外の世界からフランスに来て永住する移民にも、フランス語を通じて、フランス的なる精神とは何かを学ばせようとする。

移民たちが、フランスの学校に学び、フランス語をきっちり学び、フランスの精神を身につけるならば、原則上は、「外人」呼ばわりされることも、「外人」であるがゆえに差別されることもなく、「個人」として平等に処遇される。

フランスは、従来、フランスで生まれ育った移民に対して国籍を与えてきた。単にフランスで生まれたから権利として国籍を与えるという意味ではない。学校教育を通じて、フランスの精神を学び、フランス市民たる自覚を備えることができるはずだという確信があったからである。

一九九〇年代からは、自らフランス人になりたいという意思を表明して申請することが必要となり、役所の窓口でフランス語のレベルや意思を確認するような質問を受ける。移民たちが必ずしもフランス語やフランスの精神を充分に体得していないことに対して、政府は厳しい対応をとるようになったのである。

支配の地から来た移民

二十世紀後半にヨーロッパに渡った移民たちは、行き先の国がどんな国なのかを見極めたうえで移住したわけではなかった。移民自身は、母国よりも豊かで、金が稼げそうな国をめざして出て行ったにすぎない。フランスに渡った移民も同じである。彼らの中には、旧フランス植民地、なかでもマグリブ(北アフリカ)出身者が多かった。フランスに統治されたおかげで、彼らはある程度のフランス語を理解することができた。

国内においては民主主義・自由・人権の思想と制度を確立したフランスは、アジアやアフリカにおいては植民地支配をおこなった。マグリブでは現地の支配層と結んで統治した。地中海東岸のアラブ地域ではイギリスと覇権を争いながら領土を分割し、現地のキリスト教徒の後ろ盾となってムスリム社会と敵対させた。相手の社会を分断して統治する「分割統治」である。

フランスやイギリスは、このような支配を「文明化の使命」として正当化した。中東やアフリカを近代化するために、犠牲を払って統治したというすり替えの論理である。フランスは、植民地として支配した国に、必ずフランス語を持ち込んで学ばせた。フランス語を通じて、フランスの思想や歴史を教育し、成長と共にフランスへの畏敬の念を育てようとした。イギリスも同じ政策を採って英語を植民地に植えつけていった。

植民地支配の遺産

第二次世界大戦を経て、多くのフランス植民地は独立した。しかし、北アフリカ諸国の多くが、その後もフランス語で教育をしていくことになったのだから、植民地支配は、戦後世代の人たちにも計り知れない影響を与えた。二十世紀後半になって、フランスにやってきた移民労働者たちは、その子孫である。彼らの多くは母国のエリートではない。富裕なエリート層は、母国においても高いレベルの教育を受け、フランス語を学んでいたから、フランスに移住しても低い階層にとどまることはなかった。

それでも、旧植民地からの移民は言語を習得しやすい。高等教育を受ける機会も平等に保障されているから、一概に社会参加の程度が低いとは言えない。実際、公務員や専門職に就く移民は、ドイツとくらべるとはるかに多い。

だが、母国でも充分な教育を受けなかった移民たちの中には、世代が交代しても低い教育レベルにとどまる人も多かった。結果としてフランス社会の底辺層を構成し、彼らが郊外の住人となったのである。警察と移民の若者との衝突が頻発すると、フランス社会の「郊外」への眼差しは厳しいものになった。だが移民が置かれてきた状況に眼を向けるのではなく、逆に、問題を起こしているのは移民自身だという見方が広がった。移民が貧しいのは、きちんとフランス語をマスターせず、教育を十分に受けていないために、社会に居場所をみつけられないのだというのである。

一世の親たちは、夢と希望を抱いてフランスに渡って、なんとか豊かになりたいと願っていたし、行けば何とかなると思っていた。しかし、子どもたちは違う。自分がフランス社会の底辺に位置づけられていることを知っている。社会的、経済的に上昇しようとしても周囲のフランス人の若者より大きな困難が待ち受けていることも知っている。それが、やり場のない不満や諦めをもたらしたのだが、フランスの移民政策は、この問題に対する具体的な処方箋をもっていない。自由・平等という原則論が、かえって問題の深層を見えにくくしてしまったのである。

フランスにおける移民排斥の論理

近年では、選挙のたびに、極右政党の候補のみならず、右派の候補者まで、移民に対して厳しい主張を繰り返すようになっている。極右政党、国民戦線のリーダーだったジャン・マリー・ルペンは、二〇〇二年の大統領選挙で決選投票に残り、二〇%近い票を得た。彼は、移民問題に焦点を当て、移民や難民が多すぎること、移民がフランス社会に統合されていないことを理由に移民政策の破綻を訴えて幅広い支持を得たのである。

この動向はきわめて深刻な意味をもっている。極右政党は、その国のナショナリズムを強調する。ナショナリズムの基本には、ネイションすなわちその国家を構成する国民ないし民族の絆がある。国民や民族の定義は、国ごとに異なる。ドイツのように血統主義に立つ国もあるし、フランスのようにフランス共和国の構成原理と契約を結んだ人間をネイション(フランス語ではナシオン)とする国もある。だがいずれにせよ、その国のネイションの概念を素直に受け入れず、異論を唱える人間は排除の対象になる。

ヨーロッパの地図を見るとすぐに分かるが、大陸には多くの国が陸続きでひしめいている。そのなかで、ある国を国家として確立させるには何が必要だっただろうか。長い戦乱の歴史を経た結論は、国家としての構成原理や原則をきっちりと定めなければならない、ということだった。したがって、隣国といえども、まったく異なる原理で国家が成立していることは珍しくない。

他国から入ってきた移民たちが、その原理や原則に反抗すると、直ちに居場所を失うことになってしまう。フランスでは、フランス語を学ぼうとせず、フランス共和国の原理原則に敬意を払わない人間が排除の対象となる。極右勢力は、ネイションを誇張する集団であるから、このような人間をあからさまに排除しようとする。

国家が掲げる理念や原則との契約による絆をネイションの根本に据えているフランスの場合、それらに従わない人間に「出て行け」と言っても「差別」とはみなされない。極右は、フランス精神の極端な純化を求める。フランス的な精神とは、「自由・平等・博愛」をはじめ、フランス革命以来、共和国が掲げる理念と原則を含んでいるから、受け入れない人びとを排除するのは当然であって差別にあたらないというのである。

かつて、国民戦線のルペンが、サッカー・ワールドカップのフランス代表選手たちを評して「国歌のラ・マルセイエーズをフランス語で歌わない」と発言し、物議をかもしたことがある。ナチスのユダヤ人虐殺など些細なことだと発言するなど、日頃から彼の人種・民族差別発言はフランス国内で厳しい批判を受けてきた。この発言も、フランスチームの主力選手の多くが移民の家系だったことをあげつらった点で、差別的であることは言うまでもない。

ただし、ルペンは肌の色の違いや移民であることを理由に気に入らないと言ったのではない。事実であったかどうかも疑わしいが、「フランス語で国歌を歌わない」ことが気に入らないという、いわばフランス市民たる条件を満たさぬ人びとだから不愉快だと述べたのである。露骨な人種差別には同調しない人たちも、こういう発言には賛同しやすいことを知りぬいている。アフリカ出身だから不愉快だと発言したのなら訴追をまぬがれないが、言語ナショナリズムの強いフランスで、フランス国歌を歌わないことを非難しても差別として訴えられることはない。フランスにおける極右勢力は、フランス市民としての条件を引きあいに出すことによって、巧妙に一定の共感を得ていることに注意を払わねばならない。

「博愛」とは何であったか

このような状況を見ていると、フランスの掲げる「自由・平等・博愛」の最後にあたる「博愛」が、どうも日本語のニュアンスとは嚙み合わないことを指摘せざるをえない。実際、原語のフラテルニテ(fraternité)は、日本語でいう博愛の概念とはなじまない。博愛というと、「自分のことを愛してくれようと、嫌っていようと、私はあなたを愛する」というニュアンスを感じる。

しかし、フランスにそのような「博愛」の精神はない。フラテルニテとは、同じ集団のメンバー相互の同胞愛ないし兄弟愛のようなものであって、仲間どうしを愛してあげるという意味である。そこには、仲間になることを嫌がる人間まで愛しましょうという発想はない。

フラテルニテは、移民の側から見るとフランスに暮らすための第一条件である。フランス語をきちんと学び、フランス人らしいものの考え方になじみ、フランス共和国成立の歴史に敬意を払い、フランスの諸原則を遵守するという契約関係を結んで、はじめて「同胞として愛してもらう」ことができる。そのうえで、自由や平等が保障されるのである。

現実には、フラテルニテの条件を満たしてもなお、自由と平等は必ずしも実現されていない。「郊外」の住人たちのなかで、フラテルニテの基本条件を満たしていない人たちは、愛してもらえるどころか、敵視と排斥の対象にされることになる。

2 啓蒙と同化のあいだ――踏絵としての世俗主義

厳格な世俗主義

一九九五年、リヨンの郊外に住むハーリド・ケルカルというアルジェリア系の若者が、憲兵隊との銃撃戦の末に射殺された。この年の夏、アルジェリアでのイスラーム過激派をめぐる紛争はフランスに飛び火し、リヨンやパリで爆弾テロが続発していた。

これらのテロには、アルジェリア系のイスラーム組織「武装イスラーム集団」が関与したとされ、ハーリドもその一員と言われた。フランスに「同化」していたはずの移民二世のハーリドが、この種の組織に加わっていたことは、フランス社会に衝撃を与えた。移民が集中する問題多発地区として悪いイメージがつきまとっていた「郊外」は、イスラーム過激派の温床となる「イスラームの郊外」として、さらに悪いイメージを付与されることになった。

Le Monde

ÉRIE 54 : nes page 20

TOUR DE FRANCE
La première étape en ligne pour l'Estonien Jaan Kirsipuu page 24

FESTIVALS
Avignon a commencé dans la rue page 27

MARDI 6 JUILLET 2004

FONDATEUR : HUBERT BEUVE-MÉRY – DIRECTEUR : JEAN-MARIE COLOMBANI

rands

Le rapport alarmant des RG sur les ghettos urbains

SELON la direction centrale des renseignements généraux, des centaines de quartiers sensibles présentent en France des signes inquiétants de repli communautaire aggravé. Cette dérive associe références à un islam radicalisé, souvent inculqué par des prédicateurs extrémistes, antisémitisme exacerbé et racisme antifrançais. Cette évolution, qui conduit les habitants les plus aisés à abandonner massivement ces quartiers, inquiète fortement les observateurs des renseignements généraux, même s'ils notent que *« les processus d'intégration des personnes d'origine maghrébine et de laïcisation de l'islam se poursuivent avec force dans l'ensemble de la société française »*.

Le sociologue Didier Lapeyronnie partage ce pessimisme. Il va jusqu'à estimer que *« la réalité est pire : le repli a lieu sur le ghetto, un lieu vide de sens »*.

►Les renseignements généraux s'inquiètent de la situation dans les « quartiers sensibles »
►Le sociologue Didier Lapeyronnie analyse un antisémitisme obsessionnel
►Paroles entendues à Angoulême : rage et folles certitudes

Lire page 8 et notre éditorial page 21

semaines des Jeux est l'Allemand Otto a su imposer une dis… des joueurs qui …des titulaires indis… leurs clubs. *« Je suis …émocrate dans le ber… …émocratie »*, explique en souriant. Pour *« la Grèce est un très … »*. *« Quelle simplici… …lle leçon d'humilité. »*

Lire pages 22-23

フランス内務省の報告書を報じる新聞

二〇〇四年六月、フランス内務省は「郊外」がフランス社会に分裂の危険をもたらすゲットーと化しているという報告書を出した。全国で六三〇の郊外地区、一八〇万の住民が、移民としての出自の文化や社会と強く結びつき、フランス社会から引き離されており、暴力や女性差別を生み出すイスラーム過激派が若者たちの組織化を進めているという。それだけでなく、アラブ・ムスリム移民のあいだに反ユダヤ主義を育てる温床となっており、アラビア語とコーランを教え過激な思想を幼児に吹きこんだとして、イスラーム組織が運営する保育園を閉鎖させたことも記されている。

郊外は、単に疎ましい地区から、フランスを危機に陥れる危険な地区へと警戒ランクを引き上げられた。時の内務大臣が国連安保理でイラク戦争反対の論陣を張ったドミニク・ドビルパンだったことを思うと、フランスという国家の中東・イスラーム政策の冷徹な二面性を物語る報告である。

現在、フランスにはおよそ五百万のムスリムが暮らしている。彼らにとって、フランス共和国の基本原則のひとつである世俗主義は、たいへん理解しにくいものである。世俗主義のことをフランス語ではライシテ(laïcité)という。日本で言う政教分離とは歴史的な背景も異なるし、意味するところも異なる。

世俗主義の原則を定めた法律は、一九〇五年に制定された「国家と教会の分離」法である。つまり、フランスの世俗主義というのは、長い歴史の中で、ときには協調し、ときには反目しあってきたカトリック教会と国家との関係を分離するものであった。教会は国家の領分に介入してはならない。国家も教会の領分に介入してはならない。したがって、公の領域は宗教から中立、すなわち非宗教的でなければならないことになる。信仰というものは個人の私的領域においてのみ自由に実践できる。私的領域に限定することによって、宗教に対する個人の自由意思を明確に保障するのである。西欧世界で最も厳格な世俗主義を採るのがフランス共和国である。

公的領域には、政治、行政、司法が入るのは言うまでもないが、公教育における非宗教性も大変重要なポイントである。公立の学校では、宗教教育や宗教行事をおこなうことはもちろんのこと、教師や生徒が、特定の宗教を布教したり、宗教的シンボルを誇示することも禁止される。

一つ付け加えておかなければならないのは、この世俗主義の原則は、アルザス・モゼール(ロレーヌ)地方には適用されない点である。ドイツとフランスに交互に併合されてきたこの地域では、世俗主義が法律で定められる以前のコンコルダ(国家と教会との協約関係)が残されている。そのため、公立学校でも宗教教育がおこなわれてきたし、アルザスの中心都市、ストラスブールの国立大学にはフランスで唯一の神学部がある。したがって、ライシテはフランス共和国の原則でありながら、共和国の中に適用除外となる地域をもつという矛盾が生じているのである。

ライシテの国のイスラーム

「国家と教会の分離」法が制定されてから一世紀が過ぎた。実際の問題として、カトリック教会と国家の関係は落ち着いている。いまさら教会が政治に干渉することはないし、国家も教会に干渉することはない。

ところが、二十世紀後半になって、イスラームという新しい宗教がフランス社会に参入したために深刻な問題が発生したのである。前章の繰り返しになるが、イスラームには聖俗分離の観念が存在しない。人間社会の領域を公の領域と私的領域とに分けて、前者は非宗教的にして、信仰は個人の心のうちにとどめなさいという考え方は、イスラームとまったくなじまない。

そのうえ、イスラームの信仰というものは、「信じる」だけでは成り立たない。定められた「行為」を実践すること、あるいは禁じられた行為をしないことが求められる。行為の規範は、絶対にすべきこと、したほうがよいこと、してもしなくてもよいこと、しないほうがよいこと、絶対にしてはならないことに分類される。行為規範は、礼拝の仕方から、食事、性生活、結婚、離婚、遺産の相続、商取引、社会のありかたにまでおよんでいる。

イスラームは、「心の内面に向かう信仰」と「外に向けて表れる行為」が合体しないと成り立たない構造になっている。信仰を心の内にとどめるだけではムスリムになれない。そのために、ムスリムが信仰に則った行為をすればするほど、厳格な世俗主義を採るフランスの原則と衝突してしまうのである。

そもそも、イスラームとは神への絶対的な服従を意味するアラビア語だが、神の前にすべてを投げだしてしまうということである。ムスリムというのは、すべてをアッラーに投げ出す人を意味する。すべてを投げ出した人間に、ものごとの善悪の規範を示しているのが、コーランを最も重要な典拠とするイスラーム法である。コーランだけでは、人間生活のすべてにわたる規範を示しきれない。そのため、後にスンナ派とよばれる集団では、預言者ムハンマドの慣行(スンナ)やイスラームを熟知する指導者による合意、あるいは典拠からの合理的な類推なども法の源とするようになった。

人間の知恵では十分な規範をつくれないということになると、生まれてから死ぬまでのあらゆる行為について規範を定めなければならない。外から見ると、イスラームが戒律の厳しい宗教に見えるのはこのためである。だが、ムスリムの方では、正しく生きるうえでの約束事がすべてイスラームに基づいているので、それを人間の自由を束縛するものとは考えていない。

信仰の実践を求めるイスラーム

むしろイスラームの神(アッラー)は、人間が欲望に弱い存在であることを知悉した慈悲深い存在とされる。欲望に負けて、神の定めたルールを守らなかった場合には、善行で埋め合わせればよいと教える。たとえば、断食の規定にしても、できるのにしなかった場合には、貧者に食べ物を施せとある。このような記述には、必ずといってよいほど、「神はなるべく楽なことをお求めになる」あるいは「神は慈悲深い」という言葉が添えられているのである。

ムスリムの信仰は、信仰実践によって外側へと発信されることになる。多くのムスリムが同じ土地にいれば、各々の行為が信仰表明として個人の外に向けられるため、集団的に同じ行為が行われる。当然、公的な領域、あるいは公的な空間においても、信仰の実践が行われる必要がある。それを封じてしまうとムスリムたりえないことになってしまう。公的領域で宗教を表すことを禁じるというライシテの原則に、ムスリムを従わせることができないのは、このためである。

フランスにおける世俗主義《ライシテ》は、「国家と教会の絶対的分離」に基づいている。しかし、イスラームには「教会」が存在しない。この点もまた、ムスリムが世俗主義を理解できない理由の一つである。イスラームには、カトリックのように絶対的権威をもつ教皇は存在しない。それどころか、聖職者さえいない。聖職者というのは、宗教上の罪を犯した人間に赦しを与えるなどの権限をもつから、いわば神の代理人となる。だが、聖俗分離の観念をもたないイスラームでは、俗界を離れて聖職につくことはありえない。

イスラームでは人間が神の代理をすることも認めない。ムハンマドでさえ、神の言葉を受けた預言者であっても、一人の人間であり、神権を付与されたとは考えない。したがって、地上における神の代理人のような宗教権威者によって指導され、統治される教会というものも存在しない。教会が存在しないとなると、国家と分離しようにもその相手が存在しないことになる。

ライシテの危機

厳格な世俗主義を国家原則とするフランスで、ムスリムのスカーフ着用が問題になったのは、当然のことだった。Ｉ章でドイツのスカーフ問題を取り上げたが、フランスは、十年以上前から、官公庁、公立学校、公立病院など公的領域でのスカーフやヴェール着用を問題にしてきた。

二〇〇三年の十二月、シラク大統領に対して一つの答申が出された。答申は、フランス共和国の世俗主義《ライシテ》が危機に瀕しているという認識に立って、公的空間でイスラームのシンボルを表すことを禁止すべきだという内容だった。具体的には、ムスリム女性のスカーフやヴェールが対象となっていることは言うまでもない。委員会の代表の名前をとってスタジ・リポートという(Le rapport de la commission Stasi sur la laïcité)。これを受けてフランス政府は法制化に着手し、ライシテの徹底を求める法案は二〇〇四年の初頭に圧倒的な支持で国会を通過した。

答申の焦点は、ムスリムの信仰実践が公的領域に侵入することを拒否し、フランス社会が宗教的コミュニティによって分裂することを抑止する点にある。細部を見ていくと、公立学校での宗教的シンボルの禁止はもとより、公立病院で患者が性別によって医師を選んではならないと記されている。ムスリム女性が男性医師の診察を嫌がることを念頭においての見解である。ここまで踏み込んで、公的領域での非宗教性を徹底すると、逆に、患者の個人的な意思や権利と抵触すると私には思える。

その一方で、答申はキリスト教以外の宗教への配慮もにじませた。ユダヤ教徒のヨム・キプール(贖罪の日)とムスリムのイード・アル・アドハ(犠牲祭)を公立学校の休日とすることが盛り込まれたのだが、シラク大統領は、これ以上学校の休日を増やすべきではないとして拒んだ。現在、ヨーロッパで最も多くのムスリムが暮らし、最も厳しい世俗主義を採るフランスならではの答申である。だが、答申の内容は他のヨーロッパ諸国からみても、かなり過激なものであった。イギリス、オランダ、ドイツ、ポーランドなどでは、宗教に対して敵対的な態度であるという論評も見られた。とりわけ、答申が宗教文化の多元主義に批判的であったため、イギリスやオランダでは、イスラームとの関係を悪化させるのではないかという懸念の声も上がった。

フランスの政党には、基本的に社会党や共産党などの左派と民衆運動連合、フランス民主連合の右派(右派の政党名はしばしば変わるのでこれは二〇〇四年時点)、国民戦線のような極右がある。さまざまな政治的問題に対して、通常は左派と右派のあいだで意見が対立するのだが、この問題に関するかぎり目立った対立はなかった。異質な文化としてのイスラームに対する否定的態度は、左右両派を問わず共有されている。

右派のほうはもともとナショナリズムを重視しているから、異質性を強調する移民に寛容な態度をとらない。フランス語の不得手な移民や世俗主義になじまないムスリム移民を非難するのである。

一方、左派勢力もまたスカーフには批判的である。今から十年ほど前、スカーフ問題についてフランスの社会党に質問状を送って見解を尋ねたことがあった。そのときの答えには、「ライシテとは闘争である。ムスリム移民の女性たちをイスラーム原理主義の鎖から解放するために我々は闘わなければならない」とあった。社会党はムスリム女性からスカーフを剝ぎ取ることの正当性を「抑圧からの解放」と「民主主義の擁護」に求める。

スカーフの象徴性への固執

だが、彼らは、当事者である女性たちにとって、スカーフ禁止が何を意味するのかを忖度しようとしない。このことが深刻な問題を引き起こしている。ドイツの章でも指摘したとおり、イスラーム的道徳にしたがっている女性にとって、頭髪は人目にさらすべきでない身体の一部である。それを覆うスカーフやヴェールを脱がないと、抑圧から解放されないという論理は、彼女たちに受け入れられるものではない。

一方、フランスには、スカーフ禁止の主張に共鳴するムスリム女性も多い。彼女たちは、フランス社会の多数派と同じように、スカーフを女性抑圧のシンボルとみなしている。イスラームは家族の一体性を重視するので、婚姻外の性的関係を強く規制する。移民の母国の社会では、男女とも、複数の異性と付き合ったうえで結婚相手を決めることが難しい。そのため、とりわけ男性のあいだに、結婚後、女性を自分だけのものにしたいという欲求が強い。自分の妻や娘に対して、他の男性の視線をさえぎるためにスカーフの着用を強要する男性も多いのである。これを女性差別と感じているムスリム女性は、当然のことながら、スカーフの禁止を支持する。

彼女たちが、イスラームの名を借りて、女性を抑圧するムスリムに批判的になったのは、フランスでの教育に拠るところが大きい。個人の意思をはっきりと持たせ、自由とは何かを教えてくれたのは、フランスの学校教育であり、そこで学んだライシテの原則に他ならない。

この点について、自分の意思でスカーフを被る女性とのあいだには見解の違いがある。被っている女性たちは、スカーフを取ることが、羞恥心を失い、性を商品化していく第一歩だと感じるのである。彼女たちは、女性が自ら身体を露出することは、人間性を失いかねない行為とみなしている。

彼女たちがフランスでの教育から何も学ばなかったか、あるいは、教育を受けようとしなかった結果として、このような考えをもっているのならば、移民社会に対する批判は当たっていることになる。しかし、ここでも実態は、そう単純なものではない。積極的にスカーフを着用する女性は、それが個人の自由意思の表現だと主張する。彼女たちは、フランスの教育を受け、自由と平等の精神というものを受容したからこそ、逆にスカーフ着用を信条や表現の自由の一つとして実践している。むしろ大学や大学院で高等教育を受けた女性たちのなかから、この種の主張が出てくるのである。

他方、教育を受ける機会を逃がしたり、家族の圧力や故郷の伝統に従順であるがゆえに被る女性もいる。彼女たちは、あまり個人の意思というものを表に出さないから、確かにフランス社会が批判するように、自立を阻害された存在と言うことができる。だが、このような女性たちに、スカーフはイスラーム原理主義のシンボルだと批判するのは見当違いである。

こうなってしまうと、自らの信仰や深く根ざした習慣に従ってスカーフを被っている女性に対するフランス側からの圧力は、さらに強まっていく。右派からフランス共和国の原理に反すると批判されることは言うまでもない。そして左派からは、女性差別に自ら加担するものとして批判されるか、あるいはイスラーム原理主義者に扇動された無知で憐れな女性とみなされることになる。

「踏み絵」としてのライシテ

結果として、左派と右派は一致してムスリムの女性を分断している。フランスには、帝国主義の時代にも、フランスの国益のために中東を犠牲にすることに痛みを感じなかった人びとと、支配を正しいとは思わないものの、「野蛮なアラブ人」を啓蒙し、近代化するためにはやむをえないと感じていた人びとがいた。いまフランスで起きている論争にも、同じような構造があることを指摘しなければならない。

スカーフ批判には、スカーフを被っている女性たちが「イスラーム原理主義に扇動されている」という表現が頻繁に登場する。フランスで生まれ、教育を受けた人間ならば、ムスリムといえども啓蒙されるはずであり、フランスのなかで、狂信的な原理主義に染まるはずはない。きっと外部の世界から持ち込まれたウイルスに感染したに違いないというのである。もしかしたらフランス社会の世俗主義や啓蒙主義は普遍性を持たないのではないか、と疑ってみようとはしないのである。

このような理解の仕方は、スカーフ禁止問題にフランスが強硬な態度で臨む原因のひとつになっている。閉鎖的で過激なイスラーム組織が、フランスだけでなくヨーロッパ各地に拠点をもっているのは事実である。こういう組織のメンバーには、強権的な中東諸国からヨーロッパに逃れた人が多い。人権政策の名のもとにヨーロッパ各国が難民や亡命者として受け入れた結果として、ヨーロッパに拠点をもち自由に活動してきたのである。

ところが、九・一一以降、ヨーロッパ諸国は、いずれもイスラーム組織によるテロを極度に警戒するようになった。どの国でも、ムスリム移民に対してかなり懸念と嫌悪感が広まっている。治安当局によるイスラーム組織への監視はもちろんのこと、捜索や摘発も頻繁に行われるようになった。

このような情勢のなかで、フランスがライシテの徹底を宣言したことには、テロ対策の意味合いも含まれている。スカーフという象徴的な対象を「踏み絵」にして、善良なムスリムと危険なムスリムの識別をしようとしているようにも見える。スカーフを脱ぐ、すなわち踏み絵を踏めば、フラテルニテ(同胞愛)の対象にいれてもらえる。しかしスカーフを脱ぐことを拒否するならば、愛してもらえないばかりか、監視と排斥の対象となるのである。

原理主義のシンボルという主張

だが、原理主義という政治的イデオロギーの象徴だからスカーフを禁じるべきだという主張には合理性がない。ムスリムの立場に立たなくても、論理が簡単に破綻してしまうからである。スカーフやヴェールが個人の宗教的信条ではなく「イスラーム原理主義という政治化されたシンボル」だから排除すべきだと言うのなら、他の政治信条にもとづくシンボルも許されないことになる。

共産党が公的空間で赤旗を掲げることは許されないのか、反戦や反核のシンボルマークも同様に公的空間での着用を禁じるのか。言うまでもないことだが、フランスでは、これらの政治的主張のシンボルを掲げることを禁じる動きはない。フランスが近代を通じて創造し育ててきた民主主義を自己否定するはずはないからである。

スカーフが政治的シンボルであるがゆえに禁止すべしというならば、被っている人たちは、民主主義を否定する全体主義者と同一視されていることになる。被っている当事者の多様性を考えると、これはイスラームの全面的な否定と言ってよいほど極端な単純化と言わざるをえない。

これみよがしか、控えめか

ライシテに関するスタジ・リポートの議論を詳しくみていくと、「宗教的シンボルの公的空間での可視性」について特異な表現がでてくることに気づく。宗教的シンボルが、「これみよがし」(フランス語では ostentatoire や ostensible) であるかどうかを問題にするのである。

宗教的シンボルが「これみよがし」かどうかが問われるのは、シンボルを着けていない人に、押しつけがましさを感じさせるか否かが争点になっているからである。押しつけがましさを感じさせるならば、公的空間の中立性を維持するために、宗教的シンボルは禁ずべきものとなる。実際に「これみよがし」であるかどうかを問題にできるのは、実はキリスト教徒の十字架だけである。十字架にはさまざまな大きさがある。だが、ユダヤ教徒の帽子(キパ)もムスリム女性のスカーフも大きさには関係ない。スカーフの場合、頭髪を覆わなければ無意味だから、すべて「これみよがし」な大きさとされてしまうので、どのようなスカーフなら可とするかは最初から問題にされていない。

つまり、「これみよがし」でなければ信教の自由として許されるが、「これみよがし」な宗教的シンボルは許さないという議論の立て方自体、本旨はイスラームに対する批判にあり、キリスト教徒に向かって言っているのではないという政治的な弁明を含んでいるのである。

実は、スタジ・リポートには、控えめな宗教的シンボルなら差し支えないと付記されている。その例として、ムスリムがお守りにする「ファティマの手」や「小さなコーラン」、「ダビデの星」、それに「小さな十字架」を挙げている。これを、ライシテが反宗教的な原則ではないことの証左ととるか、詭弁ととるかは、評価が分かれるところである。

人権擁護派によるスカーフ禁止批判

フランス国内にもスカーフ禁止に反対する声はあった。整理すると次のようになる。第一に、ムスリムの信教の自由を著しく制約するのは人権に反する、第二にムスリム女性に対してスカーフ着用を禁じること自体が女性への差別となる、第三にムスリムの女性が抑圧されているのは事実だが、それならば抑圧者であるイスラーム原理主義者や男性を罰するべきで、すでに抑圧されている女性をスカーフを外さないからといって教育の場から追放するのは差別的処遇である。

信教の自由に反するという点は、多くのムスリムの意見を代弁しているが、ライシテという特異な憲法原則をもっているフランス社会には通用しにくい。そして、三番目の批判は、性差別の結果として被っている場合にしか該当しないことに注意しなければならない。自分の意思でスカーフをまとう女性には、的外れな意見になっている。このなかで、自分の意思で被っているムスリムが納得するのは二番目の批判なのだが、スカーフを女性抑圧の象徴とみなしている人びとは、スカーフ禁止が女性差別にあたるとは考えてもみないので、両者の見解は完全にすれちがってしまう。

結局、これらの批判は、スカーフの禁止という決定をくつがえすほどの力を持たなかった。批判は、スカーフを着用する女性の人権を擁護する観点からなされたのだが、人権擁護派の人びとのあいだでも、イスラーム原理主義とスカーフを結びつける意見は強かった。この問題に関する限り、人権擁護を掲げる人びとが一致して政府の決定を批判することはなかったのである。

九〇年代のスカーフ論争

フランスにおけるスカーフ問題は、二〇〇三年になって突然でてきたものではない。一九八九年にも、国論を二分する大きな論争になった。そのときは、パリ郊外のクレイユという町の公立中学校に、スカーフをつけて登校したムスリムの生徒に対して、校長がスカーフを取るよう求めた。校長は、スカーフを取らなければ、授業に出席させないと命じて、両親やムスリム移民たちと対立した。

当時の国民教育相は、後に首相となった社会党のリオネル・ジョスパンだった。彼は、学校がライシテの原則を守るよう生徒と親を説得すべきであること、それに応じない場合は、生徒が教育を受ける権利を奪うことはできないから、結果的にスカーフを着用したままで登校させてもやむをえないという判断を示した。

ライシテを守らない生徒の存在を認めた通達は、左派政権にとって苦渋の決断だった。このときの左派と人権擁護派の論理は、大まかに言うと次のようになる。スカーフを禁止すれば、彼女たちは学校に来なくなる。それでは、結局、フランスの普遍的理念である個人の自由や民主主義、そしてライシテの重要性を教えることはできない。彼女たちもその家族も、フランス社会に参加できずに孤立していく。せっかくの啓蒙のチャンスを失い、永遠にイスラーム原理主義の鎖に繋がれることになる。だから、学校から追放してはいけない。そのためには、最初はライシテの原則に抵触することもやむをえないというものであった。

これに対して、右派政党は猛反発し、「フランス社会に暮らすなら、そのルールを厳守させ、ムスリムを啓蒙していかなくてはならない」と主張した。すでに九〇年代のはじめには四〇〇万以上のムスリム移民がいると言われていたから、「妥協したら、フランスがフランスでなくなってしまう」という国民の危機感を背景に強い批判を展開した。この主張の背後に移民に対する潜在的排斥感情があったことは否定できない。つまり、国家原則としてのライシテに名を借りて、移民に対する厳しい姿勢を打ち出したとみることも可能である。

このときの論争には左派政党と右派政党のあいだの対立が見られたのだが、実のところ争点となったライシテの原則について、左派と右派の見解が異なっていたわけではない。たまたまこの問題が起きたときの政権が社会党だったために、移民への寛容な政策を反映して、ジョスパン教育相は柔軟な通達を出した。左派といえども共和国の原理に関して否定的なわけではない。これに対して、右派は、右翼的なナショナリズムというよりも、共和国の原理を厳守させるという共和主義を強調することで左派を批判したのである。

左右両派が利用してきたスカーフ問題

その後、スカーフの着用は、フランスの政治変動にともなって、徐々に、厳しく規制されていった。一九八九年のスカーフ問題、二〇〇四年のスカーフ禁止法案という二つの事件のあいだに何が起きたのだろうか。

先に述べたように一九八九年当時、フランスはフランソワ・ミッテラン大統領の社会党政権下にあった。ところが、一九九三年の総選挙で社会党は大敗し、大統領は社会党出身のミッテラン、内閣は右派の共和国連合・フランス民主連合の連立という「保革共存」(コアビタシオン)の事態が生じた。その後この保革共存は、九五年の大統領選挙で右派のジャック・シラクが勝利したため解消した。

この右派政権のもとで、フランソワ・バイルー国民教育相は、先の社会党のジョスパン通達よりも厳しい見解を示した。公教育の場で、生徒が、ある宗教のシンボルを「これみよがし」に身に着けることは、ほかの生徒に対して改宗の勧誘や、信仰を押しつけるメッセージになるから、各学校長の判断で禁止できるとしたのである。

その一方で、内務大臣シャルル・パスクワは、国内のムスリムすべてを敵視していないことをアピールするために、内務省を窓口にムスリムの代表者会議をつくり、ライシテを守る「良きムスリム」とは対話していくという姿勢を示した。裏返せば、学校でスカーフを着用しライシテの原則を無視する「悪しきムスリム」は相手にせずというのである。ここでも、ムスリム移民社会を分断して統治するという手法が用いられた。

フランスの政治勢力は、この問題を政争の道具として利用してきた。移民やマイノリティに寛容な左派勢力に対して、増え続ける移民をスケープゴートにして移民政策の失敗を主張するのは右派勢力の常である。この構造自体は、フランスのみならず、ヨーロッパ各国に共通する。しかしフランスの場合、ライシテという絶対的な国家原則があるため、左派もこれに抵触するイスラームのスカーフを容認することはできない。移民問題の焦点は、最も人口が多く文化的相違が大きいムスリム移民の問題であるから、結果として、左右両勢力は一致して反イスラーム的傾向に傾斜していくことになった。

3 「ヨーロッパ」とはいったい何であったか

西洋文明の力とイスラーム文明の力

西欧的な知の体系は、イスラーム社会の現象を解釈しようとすると、合理性を失いがちである。さきほどのスカーフ論争について、自分の意思でスカーフを被る女性たちがよく使う反論を紹介しておこう。

「肌を露出したら女性が解放されて自由になるって？」

「もし、そうなら服を着ていないサルの方が文明化しているとでも言うの？」

売り言葉に買い言葉だが、実際によく持ち出されるレトリックである。だが、ヨーロッパで行われているスカーフ論争というのは、外から眺めていると、どうしてここまで服装の象徴性にこだわるのかは理解しにくい。ヨーロッパには、実際、裸同然の姿で闊歩している女性もいるが、その真似をしろと他人に強要することはない。スカートを脱いで歩かないと女性は解放されないなどと言う人もいない。ところが、ことがムスリムの服装になると、その象徴性に、これだけ干渉したがるのはなぜだろう。

そこには、西洋文明に内在する「力」が作用しているように思われる。女性は自由に自己表現すべきである、宗教に規制される生き方は時代錯誤だ、などの規範が圧力としてイスラーム社会に向けられる。

一方、ムスリムのスカーフもまた、単なる文化的なシンボルではなく、背後にイスラームという宗教文明の規範、すなわち「力」が存在している。「頭髪を人目にさらすな」という規範は、「汝の身の飾りとなるところを隠せ」というイスラームの教えの一部をなしていることは前にふれた。こうして、二つの文明がもつ規範性の「力」が衝突していくことになったのである。

キリスト教対イスラームの衝突ではない

ここで注意しなければならないのは、西洋文明とキリスト教という宗教文明の関係である。イスラーム世界との共生が困難だという言説は、今日の西欧世界に広く流布している。日本でも、イスラームが世界で紛争の種になるのは、イスラーム対キリスト教、イスラーム対ユダヤ教の怨念の集積によるものだという説明を聞くことがしばしばある。

しかし、宗教対立が根底にあるのだという説明では、現代世界で起きているイスラームとの緊張関係の原因を解明することはできない。イスラームが異議を申し立てている相手は、むしろキリスト教という宗教文明の規範から離れた後に成立した西洋近代文明なのである。スカーフ問題を見ればすぐにわかるように、衝突している相手はキリスト教会ではない。キリスト教と決別するために西欧で誕生した世俗主義とぶつかっているのである。

ヨーロッパ世界の人びとは、近代化していく過程で、キリスト教の道徳規範と結びついた性差別と戦わなければならなかった。女性を「産む性」として家庭に閉じ込めようとする道徳や、同性愛に対する敵意は、キリスト教のうちにも存在していた。これらと戦って、解放を勝ち取るうえで、近代西洋文明の根幹をなす啓蒙主義と世俗主義が果たした役割は大きい。そして現

パリ市内東駅周辺の移民街

代では、キリスト教の道徳規範は個人の心のうちに居場所を得たものの、社会的規範としては明らかに後退を余儀なくされた。

神の法がもつ力の不変性

それに代わって西欧世界のみならず、非西欧世界にも浸透した普遍的価値の体系が、人間の理性を重視する啓蒙主義であった。これは、当然のことながら、キリスト教とのせめぎあいの結果として生み出されたものであるから、宗教文明の規範性という「力」には敵対的である。言い換えれば、宗教文明の「力」に対抗する「力」を備えているのが、現代の西洋文明だと言ってもよい。そして、現代西洋文明の「力」は、人間が理性をもとに創り上げた法体系によって、現実の人間社会に規範を与えることになった。

だからこそ、神の法に従って生きるムスリムは、人間が定めた理性に基づく規範や法の体系と衝突してしまうのである。ムスリムにとって、規範というのは神が定めた規範を言うのであって、人間が創れるものではない。だから、神の法としてのイスラームの規範が、時代の変化とともに変容することはありえない。

キリスト教は、「カエサルのものはカエサルへ、神のものは神へ返しなさい」という言葉が示しているように、それ自体のうちに元々、聖俗を分離する契機をもっていた。教会の権力と世俗の権力は、中世以来、衝突と協調を繰り返しながら、長い歴史を経て、近代以降に徐々に分離していったのである。聖俗分離の観念が存在しないイスラームは、聖なる権力と俗なる権力の分離をすることもできない。したがって、人間社会のすべてにわたって、神の法が行き渡らなければならないというイスラーム独自の観念は、基本的には現代にも継承されているのである。

こう言ってしまうと、イスラームは一四〇〇年前にできた当時のまま何の進歩もないという西欧世界の批判を裏付けているように思われるかもしれない。だが、人間とその社会における規範については、時代とともに変わる必然性がないという点は、確かにイスラームの本質的特徴なのである。

後退したイスラームの近代化

もっとも、イスラーム思想の流れをみていくと、近代以降には、イスラームの解釈を近代的に変えるべきだという思想潮流が存在したことも事実である。西洋の衝撃といわれるように、西洋列強の圧倒的な力の前に、次々にイスラーム世界が支配されていく歴史のなかで起こった近代化の運動であった。しかし、イスラームを再解釈して時代の変化に合わせようとする動きは、絶えず、イスラームそれ自体を純化させることによって西洋と対抗するという別の潮流と衝突することになった。

ここでは深く立ち入ることはできないが、イスラーム世界の内部で、イスラーム自体を近代化すべきだという運動と、それをしてはならないという運動が対立し、多くの血が流されてきたのである。

中東・イスラーム世界諸国の多くは、国づくりの過程で、程度の差はあっても、西洋文明を受容して近代化を図ろうとした。だが、二十世紀を通じて、この方向での国家建設は、あまり成功しなかった。強権的な国家をつくり、底辺の貧困層が増大していくなかで、西洋化による近代化路線が行き詰まりをみせた。

こうなると、今度は反動で、ムスリムとしての信仰実践を活発にすることで世直しをしていこうという運動が力を得ていく。これがイスラーム復興運動である。

ヨーロッパは、なぜムスリムの統合に失敗したか

ヨーロッパ社会のなかで、ムスリム移民がホスト社会と対立するのは、イスラームに忠実に従って生きようとする運動が、世俗主義や理性を重視する西欧社会の常識と乖離しているためである。しかもムスリム移民の側は、個人として西欧世界に対峙するのではない。ムスリムとして覚醒した彼らは、信徒共同体を核として、ヨーロッパ各国の社会あるいは国家と向き合っていこうとする。

西欧社会の言葉でいえば、コミュニティを確立して、それを単位とする信仰実践の自由を権利として保障するように求める。ドイツでは、移民たちを空間的に隔離する「ゲットー」が形成されていた。「ゲットー」のなかでは、ドイツ社会からの視線が遮られているので、イスラーム共同体は求心力を強めていくことができる。九〇年代のドイツには「カリフの国家」を名乗る過激なイスラーム組織さえ存在した。

オランダでは、コミュニティの形成が「柱状化」の権利によって保障されたために、ムスリム移民は比較的自由に、イスラーム復興の運動を実践することができた。オランダ政府もまた、イスラームという「柱」をしっかり持つことが、結果的には列柱型のオランダ社会への統合を

可能にするのだと楽観的に対応してきた。しかし、他の「柱」に比べて突出していくことを止めることができなくなり、多文化主義政策の失敗を指摘する声が強まった。

そしてフランスの場合、異質な文化のコミュニティが形成されることを許さないという力が強く働いている。特定の文化を共有する集団がコミュニティをつくろうとすることをフランスではコミュノタリスムというが、これは通常、批判の対象として使われる言葉である。

先にあげた、ライシテの危機を訴えるシラク大統領への答申（スタジ・リポート）でも、オランダを例に挙げて、コミュノタリスムが社会と国家を崩壊させる危険があると警告している。オランダでムスリムが突出した柱状化を実現しつつあることへの懸念だけではない。多文化主義政策そのものが国家の分裂をうながす共同体の出現を許すメカニズムを持っているという批判である。

結果として、今までのところムスリム移民が暮らすヨーロッパ各国は、彼らの文化的・社会的統合に失敗したと言ってよい。この点は、ムスリムとの共生を考える上で、最大の難関である。信徒の共同体を形成していく動機は、これまでみてきたように、国によって異なっている。ドイツの場合は、もともと外国人に対する排斥感情があって、移民を追い詰めたために、ムスリム移民はコミュニティをつくって対抗した。オランダは自らのうちにイスラーム共同体の形成を促進するシステムをもっていた。そしてフランスは、同化圧力を強めると同時に彼らを無理やり宗教から引き離そうとしたために、その反動から共同体の絆が強まったのである。

一度、信徒の共同体が形成されると、次には、私的領域を超えて、公的領域においても、ムスリムとして生きる自由を権利として保障するようホスト社会に求めるのは当然の帰結であった。それに対する対処の方法を、いまのところヨーロッパ各国はもっていない。イスラームという宗教文明が可視化されていくことに苛立ち、各国がムスリムの行動を規制すると、ホスト社会とムスリム移民社会との緊張は確実に高まっていく。

ヨーロッパ的個人とイスラーム的個人

ムスリムという人間の行動様式は多様である。ヨーロッパ社会の側は、ステレオタイプ化されたイスラーム像にもとづいてムスリム移民たちを眺めている。しかし、現実のムスリム移民の側は、信仰実践について、実に多様な行動をとるのである。誰しも、ムスリムであることに変わりはないのだが、ムスリムとしての信仰実践について、何をどこまでおこなうのかは個人によって大きな差がある。

一日五回の礼拝を欠かさず、金曜には集団礼拝に赴き、断食も守り、喜捨を差し出し、メッカ大巡礼にも参加する人もいれば、礼拝も断食もしない人もいる。禁じられているものにしても、酒も飲まずに豚も食べない、酒は飲むが豚は食べない、酒も豚も気にしないというように、無数の行動様式がある。

しかし、行動様式が世俗化していたとしても、ムスリムがムスリム以外の人間になれるとは考えていない。行動様式が世俗化したムスリムは、神の領分と人間の領分を仕分けしているタイプのヨーロッパ人と似ている。だが、世俗化の末に信仰から離れて無宗教になれるかというなら、ムスリムの場合、ほとんど不可能と言ってよい。

ヨーロッパ社会とムスリム移民とのあいだに横たわるもうひとつの溝について触れておきたい。それは、ヨーロッパでは常識として成り立つ「個人」の観念が、ムスリムの社会では成り立たないという点にある。

イスラームに「個人」の観念がないというのではない。イスラーム的な「個人」とは、神に従う一人の人間としての個人であって、とことん自分の頭で考え、それに従って行動する個人ではないのである。個人の自由意思は、神の定めとしてのイスラーム的規範を超越することはありえない。

この違いは、ヨーロッパにおいて、ムスリムと非ムスリムのヨーロッパ人が共生するうえで、より根源的な問題をつくりだす。お互いに、「個人」の観念が土台から異なっていることに気づいていないからである。近代を経たヨーロッパでは、教会も国家も、個人の自由を奪うことはできなくなった。理性というものは、無条件での神への服従を妨げる。ヨーロッパのキリスト教徒は、近代以降、おおむね二つの方向に分岐していった。

一つは、世俗化の果てに神から離れる方向であり、もう一つは、神の領分と人間の領分を自分で仕分けして、両者の折り合いをつけながら生きていく道である。現代のヨーロッパでは、いずれの道を歩んだとしても、さほど大きな障壁にぶつかることはない。個人の自由意思を尊重するという原則は、今日、すべてのヨーロッパ諸国に共通する基本的価値をなしているからである。

今日のヨーロッパ社会において、神の意志が個人の意志よりも絶対的な優位にあると信じる人は少ない。少なくとも、神の命令の絶対的優位を信じる人たちが、政治的な力を持つとは思えない。だが、ムスリムは、その行動が世俗化しても、頭のどこかでは、人間が抗いようのない絶対者としての神の存在を信じている。

ヨーロッパ社会は、ムスリムに対して、ヨーロッパ的な「個人」として統合されるように求める。フランスにおいて典型的に見られるが、他のヨーロッパ諸国も似通った態度でムスリムに接している。スカーフや長衣という共通の服装に対して嫌悪を表わすのも、「個人」が確立していないとみなしていることが背景にある。

広がる亀裂

端的に言えば、フランスは、ムスリムの社会を「個人」という単位にまで分割することが可能だと考えている。個人には自由な意思がある。フランス共和国は、個人の自由を尊重する国家である。したがって、移民であっても、個人の自由な意思でフランス共和国と契約を結べば、みな平等にフランス国民となる。

ところが、ムスリムの側は、「契約の内容がイスラームの教えに抵触しない限りにおいて」という留保をつけてフランス市民になろうとする。ムスリムは、国家と交わす契約に、個人の信教の自由を制約する規定があることを理解しにくい。ところが、フランスは公的領域での非宗教性を貫徹する世俗国家であるから、宗教の教えで留保をつけることを許さない。

フランスがこの論理を展開するのは、ヨーロッパ社会には「神の領分と人間の領分」との折り合いをつけて生きていくことのコンセンサスが成り立っているからに他ならない。ムスリムのなかには、神の領分と人間の領分の仕分けができる人もいるが、できない人もいる。できない人は、聖俗分離を押しつけられると強く反発する。

聖俗の仕分けができる人は、フランスをはじめとするヨーロッパ社会の言い分を理解するが、ムスリムを後進的な人間だと決めつけ、スカーフだけで原理主義に結びつけるような一面的理解を表に出すと、彼らもまた徐々にヨーロッパ社会に背を向けてしまう。

このような事態を繰り返すうちに、多くのムスリムが、ヨーロッパ社会は個人として統合すると言っているが、実は自分たちの基準でムスリム社会を分断しようとしているのではないかという疑念を抱くようになる。ひとたびこういう疑念を抱くと、ヨーロッパ社会に対して背を向けはじめると同時に、ムスリムとしての覚醒が進み、結果として世俗化していたムスリムもイスラーム復興に共感するようになる。現在のヨーロッパは、すでに、ヨーロッパ的「個人」とイスラーム的「個人」の相違が、修復しがたいほどの亀裂を生みだした状況にあると言ってよい。

Ⅳ章
ヨーロッパとイスラームの共生
―文明の「力」を自覚することはできるか―

ヨーロッパ市民となっていく子どもたち

1　イスラーム世界の現状認識とジハード

標的となったヨーロッパ

二〇〇四年三月十一日、スペインのマドリードで鉄道を狙った同時多発テロが発生し、二百人以上が犠牲になった。イスラーム過激派の犯行とされたこの事件はヨーロッパにおける九・一一と言うべき惨事となった。スペインではその二日後に総選挙が予定されていた。アスナール首相(当時)の国民党は、イラク戦争の際に、米英とならんで戦争を支持し、スペイン軍を派兵した。テロの衝撃は大きく、与党は敗れ、社会労働党政権が誕生した。スペイン新政権を担う社会労働党の書記長は、二〇〇三年のイラク戦に参戦した政府を厳しく批判してきたサパテロ氏である。

サパテロ首相は、選挙後ただちに、二〇〇四年六月をもってイラクからスペイン軍を撤兵させると表明した。開戦時にアメリカ、イギリスと並んで戦争を強く支持したスペインが方針を変えたことにアメリカは失望を表明した。こうしてイラク戦争を始めた有志連合の一角が崩れることになった。

その後、警官隊がマドリード郊外のイスラーム組織の拠点を急襲したが、犯人は自爆した。事件は、北アフリカ出身のムスリムによる犯行と伝えられた。一連の事件を受けて、フランス、ドイツ、イギリスなどEU諸国は、国内のイスラーム組織に対する監視と規制の強化について協力していくことになった

その一方で、テロの源泉が、混迷を深める中東・イスラーム世界の現状にあるという認識は、ヨーロッパ各国に共有されている。アメリカの突出した武力行使ではテロを防ぎきれないという懸念は、フランスやドイツだけでなく、参戦国であるイギリスの市民のあいだにも深まっている。

イスラームの商業的合理性と公正観

テロが起きてしまうと、一般のムスリムがいかに暴力を憎んでいるかを説いても、説得力をもたない。そのことを承知のうえで、あえて述べておきたいのだが、ムスリムは、異教徒に対しても、西欧世界に対しても、本来、敵意を抱いていない。特にキリスト教徒とユダヤ教徒に対しては、同じ唯一絶対の神からの啓示を受けた人間として、少なくともその啓示の無謬性を前提にする以上、一種の兄弟と考えている。

そして、現実を見れば明らかなように、西洋を敵視しているなら、多くのムスリムがヨーロッパやアメリカに渡り、定住していったことを説明できない。ムスリム移民にとって、ヨーロッパやアメリカは豊かな大地であった。その富のおすそ分けに与ろうとして、続々と移住したのである。

歴史的にみても、ムスリムの商人たちは、世界に広がるネットワークのなかで交易に従事してきた。言うまでもなく、異教徒や異民族を敵視していたら交易は成り立たない。よほどの理由がない限り、彼らが、商売の妨げになる紛争や戦争を嫌うのは、むしろ理の当然である。

イスラームという宗教自体が、商業的性格をもっていると言ってもよい。イスラームには、金銭や商売を賤しむ考えは微塵もない。コーランの章句には、金銭にたとえて善行を奨励し、悪行を禁じる言葉が数多くみられる。ムスリムの義務の一つである喜捨について、「アッラーに気前よく貸し付けしたものは、必ず二倍にして返して戴ける。充分に御褒美いただける」(五七章17節。以下、訳文は井筒俊彦訳『コーラン』〈岩波文庫〉による)とあるように、喜捨を神への「貸し付け」と表現する。喜捨とは、富の一部を神に差し出すことだが、それを弱者に分配することによって社会の公正を保つという意味をもつ。

弱者に対して過酷な仕打ちをしてはならないことを説く際にも財産が引き合いに出される。

「いや、まことにけしからぬ。お前らは、孤児《みなしご》は大事にしてやらず、貧乏人に食わせること

など気乗りうす。そのくせ(他人《ひと》の)遺産にはがつがつ喰らいつき、財産を愛するその愛のすさまじさ。」(八九章18―21節)

公正な商取引を命じる厳しい言葉もある。「ええ呪われよ、ずるい奴、他人に量らせる時は量目ぎりぎりに取るくせに、己れが他人にはかるとなると、うってかわってけちけちする」(八三章1―2節)

ここで注目すべきは、彼らの信仰においては、商業における公正の観念と弱者救済とが一体となっている点である。商売によって利益を得ることは何ら問題とされない。しかし、取引は公正なものでなくてはならない。そして、利益は弱者救済のために分配することが求められるのである。強者が弱者を救済するのは、あらゆる人間関係の基本をなす道徳とされる。

不公正な社会に対するジハード

この公正観に従って、世界中のムスリムは、中東・イスラーム世界で苦しい境遇にある同胞を救済するために努力をする。通常は、喜捨のような経済的支援が中心となる。だが、弱者が虐げられると、ムスリムは次第に怒りを募らせ、救済のための行動に出ようとする。ムスリムを取り巻く状況が悪化するにつれて、虐げている主体に対して、力で反撃しようとする人びとが現れる。こうなると、力は、銃によるものであろうと、爆弾によるものであろうと、暴力とは認識されない。

イスラーム共同体を防衛するために、一身を神に投げ出して戦うことをジハードという。本来は、信仰を正すための努力を意味しているが、信徒の共同体が危機に瀕している場合、防衛のための戦いがジハードとなる。その意味では、虐げられたムスリムのために喜捨をすることもジハードの一環となるし、敵に反撃することもジハードである。

しかし、現実をみれば明らかなように、多くのムスリムは、憤りは覚えても暴力的な行動に出るわけではない。世界のムスリムが一〇億を超していることを考えると、暴力をいとわないムスリムのパーセンテージは、実際のところ限りなく小さいのである。いかに憤っても、自らの生活や家族のことを思うと過激な行動には出られないのである。

それを他のムスリムが不誠実な行為と批判することもない。ムスリムに対して、絶対的な指揮・命令権をもつような神の代理人や教会は、存在しないからである。虐げられている弱者を救済するために、何をどこまで実践するかは、個々のムスリムの判断に委ねられている。

「イスラーム原理主義」による説明の限界

一方、ムスリムに反撃される西欧世界は、このようなイスラーム的公正の論理を理解していない。彼らの怒りがどこから来ているのか、想像はついているのだが、ムスリムが公正とみなす政策を実現できないため、イスラームそのものに問題があるという言説を広めて責任を回避しようとする。イスラームには、原理主義という過激なイデオロギーがあり、原理主義に洗脳された人たちが、アメリカをはじめとする西欧世界に攻撃を仕掛けている。イスラーム原理主義者は不寛容で、民主主義を拒絶し、異教徒を抹殺することをジハードと思い込んでいる——九・一一以降、私たちは、この種のイスラーム原理主義言説を毎日のように聞かされてきた。

しかし、この種の言説には、アメリカによる自己中心的な世界秩序の構築を正当化する目的があるとムスリムは信じている。九・一一を契機に、アメリカはタリバン政権下のアフガニスタン、フセイン政権下のイラクを相次いで攻撃し破壊した。言うまでもなく、そこでは戦争だから犠牲はやむをえないという弁明のもとに、多くの無辜の民が犠牲となった。

アメリカの攻撃に憤るムスリムに、「あなたは原理主義者か?」と尋ねてみるとよい。一様に否定的な答えが返ってくる。「罪もない女性や子どもまでが犠牲になっていることに怒るのが、なにゆえ原理主義にあたるのか?」というのが彼らの答えである。そもそもイスラームには「原理主義」にあたる言葉も概念もないから、ムスリムには「イスラーム原理主義者」という言葉すら理解されないことが多い。

西欧諸国では、暴走を扇動するような言説を抽出して、「イスラーム原理主義」と定義しているのだが、暴走した果ての暴力の容認は、一般のムスリムが抱く義憤の延長線上にあることを認識すべきである。アメリカをはじめムスリムに対して敵対的な行動をとってきた国は、ムスリムが憤る原因が何であるかを知っていた。それを封じ込めるために、過激化するムスリムに「原理主義者」のレッテルを貼り、自由や民主主義の敵と決めつけてきたのである。さらに、九・一一以降には、西欧諸国のみならず日本のメディアもまた、イスラーム原理主義者とテロリストを同義として扱うようになっている。

植民地支配からの独立闘争を戦った人びとも、人種差別に力で抵抗した人びとも、支配し抑圧する側にとっては、テロリストとみなされてきた。そのときにも、実際に銃をとり爆弾を投げた人びとと、その周囲にいて怒りを共有しつつも暴力には参加しない人びとがいた。支配者は、両者を区別せずに敵と断じた。そういう態度が結果として何をもたらしたか、私たちは歴史に学ぶべきである。そして、今、西欧世界がテロリストと呼んでいる、あるいはイスラーム原理主義者と呼んでいる人びとは、中東だけでなく、ヨーロッパをはじめとして世界中に暮らしている。

増強される「戦時」認識

過去二世紀にわたって、世界のムスリムは、西欧世界による支配、差別、抑圧の歴史を生きてきた。とくにここ十年のあいだに中東・イスラーム世界で起きた戦争や紛争は、暴力に訴えて反撃するなと諭すには、あまりに理不尽な被害をムスリムに与えてきた。先にあげたアフガニスタンとイラクだけではない。パレスチナの状況は、アラブという民族のみならず、イスラーム共同体が存亡の危機にあることを世界に示している。チェチェン紛争もまた、社会主義を棄てて西欧世界に接近したロシアによるイスラーム共同体の破壊とみなされている。

彼らの置かれている状況は、衛星放送やインターネットのようなメディアの発達によって、瞬時に世界中のムスリムの知るところとなる。そのため、怒りが爆発するまでの時間は短縮され、その人数もまた、急激に増加している。カタールの衛星放送、アル・ジャジーラのように、中東で日々起きている衝突を刻々と伝えるメディアが登場したことによって、いまや、ムスリムの身に起きた凄惨なできごとは、リアルタイムで中東・イスラーム世界のみならず、アジアやヨーロッパにも伝わっている。

そのためムスリムは、今、彼らが置かれている状況を「平時」ではなく「戦時」と認識している。イスラームにおける信徒の一体性の観念は、戦時下において急激に強化される。イラクやパレスチナが戦時下にあるならば、世界中のムスリム社会もまた戦時下にあると考えるのである。

その結果、世界中から、千人に一人、一万人に一人と、同胞の理不尽な死に憤り、敵と戦おうとする信徒をつくりだしてしまう。パーセンテージとしては低いにせよ、仮に一万人に一人がイスラームの敵と身命を賭して戦うことを誓うと、十万人以上のジハードの戦士が生まれる。千人に一人なら百万人以上の戦士である。これだけの人びとが、無数のネットワークをつくってアメリカとその同盟国を攻撃するなら、もはやどう対処してもテロや衝突を抑止できない。

国家間の戦争や民族紛争との相違

この点は、民族による抵抗運動や、国家間の戦争とは決定的に異なる。民族による抵抗は、民族という共同体を防衛するためにおこなわれるが、基本的には同じ民族に属する人びとにしか、その目的が共有されない。国家間の戦争では、国民のあいだにしか戦いの目的が共有されない。私たちが知っている戦争や紛争とは、このように、誰が、どこで、何の目的でするのかを、はっきり特定できるものであった。

しかし、イスラーム社会にジハードの意識が高揚する場合、それは国家や民族によって分断されることなく、世界中のムスリムに共有される。そのため、テロや武力衝突も、世界各地で、散発的に発生する。ムスリム以外の人間の目から見ると、それは、ある日突然、何の前触れもなく、無差別に発生するように見える。

イスラームという宗教は、その本質において、民族や国家を超越して信徒の共同体を形成するメカニズムを持つ。今日、イスラーム共同体の防衛のために、このメカニズムは世界的規模で機能し始めた。中東・イスラーム世界だけではない。ベルリンやパリやロンドンのモスクに金曜礼拝のために集まる人びともまた、傷ついた同胞のために祈り、喜捨を差し出し、何か手助けになることをしようと願っている。

彼らの中から、きわめて暴力的な方法によってジハードを敢行する人びとが集まり、アドホックな組織をつくっていく。テロ事件のたびに、アル・カイダという組織の名前が浮上するが、実行組織がアル・カイダであるのかどうか真偽のほどは分からない。神の定めに従って戦う信徒にとって、組織の名前には、さほどの意味はない。目的は、ムスリムを理不尽に傷つける敵を倒すことにあるのであって、組織を有名にすることではない。

テロ組織は秘密裏に計画を練り上げて実行に移すので、上意下達の命令系統がしっかりした強固な組織を思い浮かべる人は多い。しかし、ジハードの戦士たちにとっては、横のつながり、すなわち同じ信徒としての連帯が重要なのであって、縦の命令系統は、あまり重要な意味を持たない。縦の関係というのは、個々の信徒と神のあいだにしか存在しないと言ってもよい。

国家間や国家群のあいだでおこなわれてきた戦争では、戦っている集団を特定することができたし、指揮系統もはっきりしていた。だが、今日、テロを実行するジハードの戦士たちを、集団として特定することはできないし、誰が実行計画の首領であるのかも判然としない。ウサマ・ビン・ラディンのような人物は、一人の扇動家ではあっても、世界のムスリムにジハードを命じ、指揮する権限をもっていない。各地で起きたテロのいくつかは、彼の指揮下にある組織によるものかもしれない。しかし、彼が扇動しなくても、義憤に駆られたムスリムが暴走する可能性はいくらでもある。

つまり、集団の首領と目される人物を逮捕しても、組織が崩壊してテロの脅威はなくなるものではない。ヨーロッパ諸国が進めているようなイスラーム組織の監視や閉鎖は、かえって共同体防衛の危機意識を強めることになりかねない。テロを根絶するには、まず初めに、ムスリムという人間が、何に憤り、何に悲しむのか、あるいは何に喜びを見出すのかという根本的な人間理解を深めることが必要である。

憎悪の連鎖は断ち切れるのか

テロを抑止することは急務である。だが、アメリカとその同盟国は、テロと戦うことの正当性を過信している。アメリカもヨーロッパ諸国も、テロと戦うために、もっぱら外科手術に依存してきた。それも、健康な組織にまでダメージを与えるような荒っぽい外科手術ばかりを繰り返してきた。大規模な地上戦や空爆によって、テロリストや戦闘員だけでなく、多くの民衆を犠牲にしたのは、まるで、がん細胞を攻撃するという名目のもとに、健康な細胞を無秩序に傷つけるようなものである。

この方法では、決してテロを撲滅することはできない。テロという暴力への暴走を抑止するためには、迫害・抑圧・簒奪された人びとを減らすことによって、憤りを緩和させることが必要である。暴走をもたらす原因をなくさない限り、テロや暴力はなくならない。ムスリムが世界の状況を不公正だと認識していることと、不公正と戦うためには暴力もいとわないと感じることは、イスラーム的正義感の延長線上にある。

暴力を行使するか、しないか、という二つの選択肢のあいだに線を引くことができないために、理不尽な迫害が増すと、暴走する者も増える構造になっているのである。したがって、公正な世界が実現されつつあることを実感できるのなら、暴走する人間は減少し、テロ集団は存在意義を失い消滅していく。

多くのムスリムが、イスラーム共同体は存亡の危機を脱したという認識をもてる状況を創りだすことは、いまや世界の安全保障にとって焦眉の急である。最も重要な課題が、パレスチナとイラクでの公正の実現であることは言うまでもない。

平和構築へのヨーロッパの関与

しかし、現状は厳しい。イラク戦後の占領統治が事実上失敗に終わった後、アメリカはＥＵ諸国を巻き込んで新たなイニシアティブを模索しようとした。中東全域を民主化するプログラムには、フランスやドイツをはじめ、EU諸国も積極的に関与する姿勢を見せている。だが、中東政策ではアメリカと一線を画すEU諸国も、国内におけるムスリムとの共生のために新たな政策を打ち出そうとはしていない。むしろ本書で見てきたように、九・一一以降、ドイツ、オランダ、フランス、そしてイギリスでも、一様に、反イスラーム感情は高まっている。国内のイスラーム組織の閉鎖やイマームの追放や訴追、そしてスカーフ論争に象徴されるように、ムスリム移民に敵対的な議論が、政治の舞台で公然となされるようになった。

中東・イスラーム世界のムスリムたちは、いま、ヨーロッパで何が起きているかを知っている。国内のムスリム移民に対して敵対的な議論をしている国が、中東の民主化構想に乗り出すならば、過去二世紀にわたる支配と抑圧の歴史の記憶を甦らせることになろう。それは、右手でヨーロッパのムスリムを押さえつけ、左手では中東のムスリムの頭を撫でて、民主主義と自由を与えるから暴力はやめようと諭すようなものである。これでは、西欧世界の言う民主化が、イスラーム的価値の否定の上に立っているとムスリムに思われてもいたしかたない。

民主主義は、なぜ絶対的な価値にならないのか

ヨーロッパ諸国もアメリカも、中東・イスラーム世界に民主主義を根づかせることが、世界の安全保障にとって不可欠だと主張する。イラク戦後の混乱した状況について、多くの専門家

も、イラクの人びとが民主主義を望んでいることを指摘した。もちろん、圧政と民主主義のどちらが良いかと問えば、ムスリムであろうとなかろうと、誰しも民主主義を望むことは言うまでもない。

しかしながら、ムスリムという人間を知ろうとするとき、ここに一つの留保をつけなければならない。神の法に忠実であろうとする覚醒したムスリムは、民主主義に絶対的な価値を見出していない。なぜなら、イスラームでは神の手にあるべき主権を、民主主義では人間の手に移しかえるからである。

その民主主義に従ったところで、人間が主権を持てば、人間どうしが覇権をめぐって争うに違いないと考えるムスリムは多い。国家主権の名の下に戦争を繰り返してきたヨーロッパ自身が、そのよい例である。イスラーム復興をめざしている人びとは、神には遠く及ばない人間の知恵で、世界に平和と秩序をもたらすことができるとは考えない。

一方、日常生活に大きな影響を及ぼす政治が、民意を反映したものであるべきだという考え自体がイスラームに反するわけではない。民意がイスラーム的な公正を望んでいるなら、いかなる政権であれ、それを聞き入れるべきものだとムスリムは考える。この点では、ムスリムも民主主義を望んでいると言ってよい。

統治者が国王であれ、民衆の選挙によって選ばれた大統領であれ、イスラームを正しく実践するのなら、ムスリムはそれに満足する。一方、政府がイスラーム的に正しくない政治をおこなった場合、ムスリムは、これに反抗することを悪いとは認識しない。

民主的な制度が整っていれば、こういう場合、次の選挙で、政権政党は政治の舞台から退場することになる。だが、統治者が軍や警察の力を利用して、反抗する民衆を弾圧した場合には、反乱や暴動、あるいはテロによる統治者の暗殺にまで発展することがある。そして、このような反抗もまた、イスラーム共同体を防衛するためのジハードと認識される。

つまり、ムスリムは彼らの民意を反映した政治が行われるべきだという点については、民主主義を支持するのだが、国家の政治的体制が、議会制民主主義であるのか、王族による統治であるのかには、さほどこだわっていないことになる。

西欧世界は、この点を見て、中東・イスラーム世界には民主主義が未成熟だと評価している。しかし、その民主主義の手本はどこにあるのか？　アメリカやフランスやイギリスが自らをモデルと主張しても、ムスリムは信用しない。欧米主導による中東民主化構想の限界は、まさしくここにある。

民主化をめぐるダブルスタンダード

ヨーロッパは、隣接する中東地域の民主化に対して、すでに何度もダブルスタンダードを適用してきた。アルジェリアでは、一九九〇年の地方選挙と翌年の国会議員選挙で、イスラーム救済戦線(FIS)が圧勝した。しかし、政府と軍部がこれを激しく弾圧した結果、九〇年代を通じて激しい内戦に陥った。

一九八一年、エジプトでサダト大統領が暗殺された。ジハード団(アル・ジハード)という犯行グループは、イスラームの道をはずれた国家元首を暗殺することは正当な行為だと主張した。イスラエルと単独和平を結び、国内では開放経済政策をとって欧米に接近を図ったサダトは、アラブとイスラームの裏切り者とされたのである。後継のムバラク政権は、イスラーム復興勢力を厳しく弾圧した。

民主主義の先進世界を名乗るヨーロッパは、この種の弾圧を黙認してきた。サダト暗殺がイランでのイスラーム革命の直後であり、アメリカはイスラーム勢力の台頭を脅威と受け止めていたことが背景にある。

アルジェリアにおいて、イスラーム救済戦線が弾圧された際にも、西欧諸国が強硬な圧力をかけることはなかった。旧宗主国のフランスには、多くのアルジェリア系移民がいる。民主主義の擁護者を自負するフランスは、移民たちの母国で民主化プロセスが軍部によって破壊されても、強硬な姿勢を採らなかった。

一つの国の内部だけではない。一九八〇年から八八年まで、イランとイラクが戦争をしたとき、イラクを支援したのはアメリカやフランスであった。イスラーム政権を樹立したばかりのイランが、イスラーム革命を輸出することを恐れた西欧諸国は、「より悪くない選択」としてイラクの独裁者を支持したのである。欧米諸国をバックにつけたフセイン政権が、その後、国内のシーア派ムスリムやクルド人を迫害し多くの人びとが犠牲になったことは、ムスリムの怒りを掻き立てた。国家の権益にしたがって、あるときは独裁者を支援し、見限れば叩き潰す。しかし、犠牲になるのはいつもムスリムの民衆であるという事実に、世界のムスリムが憤らないはずはない。

パレスチナの状況についても同じことが言える。イスラエル建国(一九四八年)以来、一貫してパレスチナ人の迫害と抑圧は続いてきた。ここでその半世紀以上の歴史をたどることはできないが、一九八〇年代の後半から発生したインティファーダという民衆蜂起に、ハマスのようなイスラーム組織が関与するようになったことを指摘しておきたい。インティファーダは、二〇〇〇年九月に、リクードの党首だったアリエル・シャロン(後にイスラエル首相)がエルサレムのイスラーム聖域に訪問を強行したことによって、再び激化した。

PLO(パレスチナ解放機構)を主体とする「国家」では、奪われ、追いつめられていく状況を改善できないことをいやというほど知った民衆が、イスラーム的公正を唱えるハマスのような組織に最後ののぞみを托すようになったことを示している。実際、オスロ合意(九三年)に基づく自治の拡大やパレスチナ国家の樹立は進展しなかった。そればかりか、入植の促進やパレスチナ人を閉じこめるための「壁」の建設によって、パレスチナ人の生存権が極度に脅かされる事態に陥っている。

これに対して、イスラエルを支持するアメリカはもとより、ヨーロッパ諸国も、パレスチナに対する公正を実現させるために有効な政策を採ることはなかった。その状況下で、ハマスなどによる自爆攻撃が発生していくと、今度はこれをテロと断じるようになっていった。

当初、パレスチナ側の抵抗の主役がイスラーム色のないＰＬＯだったことを考えると、追いつめられていくにつれて、ムスリム・パレスチナ人の覚醒が進み、ジハードの意識を共有するに至ったことは明らかである。ヨーロッパ諸国はイスラエルに対して非難を繰り返してきたが、それがパレスチナの現状を改善する具体的効果をもたらしてはいない。少なくとも、ハマスなどによる自暴自棄の行為を抑止できるだけの公正の実現について、ヨーロッパ諸国もまた、眼に見える貢献をしてはいない。

一九八〇年代以降、中東・イスラーム諸国では、イスラーム復興勢力が、民主的な政治プロセスによって勢力を拡大しそうになると、既存の体制がこれを弾圧してきた。そして、自国では民主主義を標榜する西欧諸国も、イスラーム勢力が台頭することを懸念していたから、弾圧を黙認したのである。ここには、民主化とイスラーム復興に対する西欧世界の側のダブルスタンダードが明確に表れている。

憎悪の連鎖が生み出される

繰り返し弾圧を受けたことによって、イスラーム復興勢力は、多くの国で平和的かつ民主的な政治プロセスに参加する道を絶たれた。こうなると、暴力によって政権転覆をめざす方向に方針を転換せざるをえなくなっていく。イスラーム政党を選挙で支持しても、それが弾圧されるという事態が続くと、民主化を支持してきたムスリムも民主主義の実効性を疑い、やがて背を向けるようになる。

ここにも、憎悪の連鎖を生み出す構造が隠されている。アメリカもヨーロッパも、共に中東・イスラーム世界の民主化を不可欠だと言うのならば、選挙の結果、イスラーム復興勢力が台頭する事態になっても、それを尊重しなければならない。そうでなければ、イスラーム復興を弾圧する国の政権だけでなく、背後でそれを黙認する西欧諸国もまた、そのダブルスタンダードがムスリムの反発を招くことになる。

ここには、西欧世界に対する重要な警告が含まれている。国家の主権というものを絶対視する人びとは、個々の人間の正義感はもっともだが、現実の政治とは次元の異なる話だと言う。国家は国益によって動くのであって、理想主義で動くわけではないというのである。

しかし、繰り返し指摘したように、ジハードに邁進するムスリムは、国家を単位として動かないし、国家の主権を尊重もしない。この点を理解していないから、個々の人間としてのムスリムの反発を軽視してしまうのである。軽視し続けた結果が、九・一一という「非国家主体による戦争」を招いたことをもう一度思い起こす必要がある。

2　ヨーロッパは何を誤認したのか

信仰の統一性と信徒の多様性への誤認

ムスリムが、イスラームという信仰において統一性をもっていること、そして信徒としての信仰実践のあり方については多様性をもっていることを、ヨーロッパ世界は、今日まで、ついに理解できなかった。

ムスリムが、信仰実践について、敬虔な人から世俗化した人まで、さまざまであることは知っていた。だが、世俗化した人びとを近代化されたムスリムとみなし、信仰実践に忠実なムスリムを遅れた人間とみなすことが誤りであるとは考えなかった。遅れた人間を啓蒙しようと試み、さまざまな圧力を加えるうちに、ムスリムは彼らの信仰と共同体が脅かされていると認識するようになってしまった。彼らを追い詰めているという自覚がヨーロッパ社会にはなかったのである。

世俗化したムスリムは数多く存在する。だが、彼らとて、パレスチナやイラクの状況をテレビで眼にしたとき、ある日、突然、信仰実践に励むようになることは珍しくない。ムスリムに対する理不尽なできごとを目の当たりにした時、一瞬にして、自分も信仰を共有するムスリムの一人だという連帯感に目覚めるのである。

私は、ベルリン、ロンドン、パリ、そしてアムステルダムでも、ヨーロッパの大学で学び、学位まで得たムスリムたちが、一身を神に捧げようとする姿を幾度もみてきた。昨日まで、次はどのジーンズを買おうか、週末にはガールフレンドとどこに行こうかと思案していた大学生が、一夜にしてジハードの戦士として覚醒した経験を聞かされたこともある。

信仰実践のありようが、さまざまであるのと同じように、覚醒のきっかけもまた、さまざまである。必ずしもパレスチナやイラクの現状に対する憤りばかりではない。ドイツで出会った移民二世の一人は、苦労して大学を出ても、移民であるがゆえに就職の機会に恵まれなかった。ある日、モスクに集まる子どもたちに勉強を教えたとき、初めて自分が心から尊敬され、慕われていることを実感したという。彼にとって、ムスリムとしての覚醒の契機は、子どもたちの尊敬の眼差しだったのである。

ムスリムとしての覚醒のリアリティ

ヨーロッパのムスリム移民のなかで、覚醒を経験していくのは、一世よりも二世以降の若者に多い。一世の多くは、母国で十分な教育を受けずに、ひたすら働いて、豊かな生活を夢見てヨーロッパに移民した。だが、二世たちは、帰るべき故郷をもたず、ヨーロッパのなかで育ってきた。

一世たちが生まれ育った母国の社会は、伝統と慣習のなかにあった。二世たちが生まれ育ったヨーロッパの社会は、彼らに、絶えず家庭の中とは異なる価値観を突きつけ、それに従うことを求めてきた。二世たちは、否応なく、刺激と摩擦に満ちた生活を送ってきたのである。そのなかで、数は少ないけれども、ヨーロッパで高等教育を受けたムスリム移民たちのあいだに、強烈な覚醒を経験する人びとが生まれた。彼らは、ヨーロッパの教育を受け、思考様式を学び、そのうえで、書物からイスラームを学び、自らの人生の軌道を正しいイスラームへと転換していった。

もちろん彼らだけで、イスラーム復興の思想的な面を担うことはできなかった。エジプトやパキスタンやトルコでイスラーム復興運動に参加し、政府の弾圧を受けてヨーロッパに亡命した指導者たちが、そこに合流したのである。彼らの多くは、信仰実践の強化を志向していたので、移民のイスラーム復興は急速に進展した。

ヨーロッパのホスト社会は、イスラーム原理主義者が侵入して移民たちを洗脳したと考えているが、それだけでは、ムスリム移民のイスラーム復興現象を説明できない。ホスト社会からの疎外や差別に苦しみ、アイデンティティの危機を経験していたムスリム移民には、すでに十分な覚醒の契機があった。中東・イスラーム世界から追放されたイスラーム指導者たちは、移民たちに集団礼拝で説教をするだけでよかったのである。実際につくられたヨーロッパのイスラーム組織は、移民たちの現実に即した相互扶助的なものだった。だが、ベルリンやパリのモスクで金曜日ごとに行われる集団礼拝の説教は、中東・イスラーム世界の現状を批判することに重点が置かれている。

移民二世の覚醒

覚醒した二世はイスラーム組織において中核的な役割を担っている。もはや職場では一線を退き、老後の生活を送るようになった移民の一世たちは、彼らがイスラーム共同体をヨーロッパに確立していくことの恩恵を受けている。

モスクに併設された食堂では、ラマダン月になると無料で食事がふるまわれ、カフェテリアでは老人たちが談笑している。外に出たがらない一世の女性たちに、趣味のサークルや憩いの場を提供し、母語の読み書きさえままならない高齢者に識字教育を行うイスラーム組織もある。こういう場で活動する人たちにも移民二世が多い。

彼らは、ムスリムにとって人生最大の信仰実践であるメッカ巡礼を組織する旅行会社を設立し、ビザの取得からチャーターフライトの手配までを行う。同胞が亡くなったときのために、遺体の母国への搬送から故郷での葬儀までを取り仕切る互助組織をつくり、一世たちが、ムスリムとして最期を迎えるためのシステムを確立した。

現在のヨーロッパには、三世の子どもたちの教育から、一世の最期を見届けることまで、世代を超えたイスラーム共同体が成立している。ヨーロッパに生きてきて、西洋文明と対峙してきたがゆえに経験したムスリムとしての覚醒が、移民のイスラーム共同体形成を促したのである。

しかし、ヨーロッパに育ち、教育を受けた人間が、ムスリムとして覚醒する事態をヨーロッパ社会は全く想定していなかった。ムスリムにとっては、単に正しい道を歩み始めたにすぎないのだが、ヨーロッパ社会はこれを宗教への回帰と誤認した。彼らの姿は、まるで、中世の時代にタイムスリップしたかのように見えたのである。

なぜムスリムを理解できなかったか

ヨーロッパ社会にとって、ムスリム移民は隣人である。隣人の考えていることを、理解できなかったのは、西洋文明とイスラームとが水と油のように隔たっていたからではない。本書の冒頭で述べたように、両者は壮大な交流を基にして枝分かれしていったのであるから、理解する気になれば、お互いを知ることは可能であった。

中東・イスラーム世界の多くの国々が、西欧近代に生まれた制度を取り入れて国家を建設してきたことを見れば、ムスリムが西洋を知ろうとしなかったとは言えない。多くのムスリムが移民として西ヨーロッパ諸国に渡った事実を見ても、彼らが西洋に豊かな富を生み出す力があることを知っており、それに近づこうとしたことがわかる。

だが、ヨーロッパ社会とその人びとは、隣人としてのムスリムを知ろうとしなかった。西洋文明がもつ圧倒的力が、ヨーロッパの人びとの眼をくもらせたのである。近代以降の西洋文明の力は、実にさまざまな分野に及んでいる。科学技術を発展させる力。圧倒的な軍事的力。民主主義や人権尊重という規範性の力。これらはいずれも、社会を前進させ、進歩させる力と認識されている。自分には力があると信じている人間は、力がない人間や社会から何かを学ぼうとはしない。

ヨーロッパが、科学技術や軍事技術についてイスラーム世界に学ぶものはないと考えたのは誤りではない。民主主義や人権の意識についても、これらを創りだした当事者であるヨーロッパ社会が、ムスリムに学ぶ必然性を感じなかったこともわかる。

しかし、社会は進歩するものだという歴史法則を疑ってみなかった点が、ムスリムとのあいだに決定的な齟齬をきたす原因となってしまった。

文明の「力」を自覚できるか

覚醒を経たムスリムは、社会の進歩を促す人間の力を認めない。その力の源泉が人間の理性から導かれる叡智だということを認めないのである。彼らにとって、社会とは進歩するものではない。正しい道というものは、神によって下された規範であって、イスラームが誕生して以来、変わるものではない。

過去の否定によって、あるいは過去を破壊することによって、前進するという観念は、イスラームに存在しない。これは、近代以降の西欧世界において、普遍的な法則であるかのように信じられてきた。西欧近代の思想をイスラームに取り込もうとしたムスリムの知識人たちは、この観念を理解したが、いまもって、このような考え方は、イスラーム社会における主流とはなっていない。人間がおこなった行為の因果関係によって、社会が進歩するという歴史の観念は、一般のムスリムに共有されていないのである。

ムスリム移民たちは、絶えず、自分がイスラームの正しい道にそって歩んでいるのか、誤った道にふみはずして歩んでいるのかということに不安を感じている。そのために、ヨーロッパのような異文明の社会に生きるムスリムは、どうしても、善悪の識別に敏感になる。

ヨーロッパに生きるムスリムの方が、西洋近代の進歩思想を受容しやすいと考えるのは誤りだったのである。中東・イスラーム諸国に生きているエリート層にとって、西洋は憧憬の対象となりえた。

しかしヨーロッパのムスリム移民にとって、西洋文明とは、一方で同化を求める力の源泉であり、他方では彼らを疎外する力の源泉なのである。二つの相反するベクトルをもつ力にさらされている彼らは、西洋文明を憧憬の対象として眺めることができなかった。

ヨーロッパとイスラームとの共生を可能にするか、あるいは破局に導くのか。それを決めるのは、ヨーロッパが、自らの文明がもつ「力」をどれだけ自覚できるかにかかっている。なかでも、西洋文明には、社会的進歩の観念を無意識のうちに他者に押しつけてしまう「力」があることを自覚できるかどうか。それを押しつけたときに、ムスリムがどのような違和感を抱くかを理解できるか。このふたつのハードルを越えられるか否かが、ムスリムという人間との相互理解の鍵と言ってよい。

文明には「力」がある。同じ文明に属する人間や社会を一定の方向に導こうとする規範性の力である。近代以後の西洋文明だけでなく、イスラーム文明にも強い規範を生み出す「力」がある。

両者の規範が異なることは、すでに明らかとなった。本書で例に挙げたドイツ、オランダ、フランスという三国の状況は、イスラーム的規範と西洋文明の規範が、いかなる局面において、ぶつかりあうのかを示している。ドイツにおいては、民族の観念というものと、民族を超越するイスラームの観念とが衝突している。オランダにおいては、個人と自由というものに関する観念の相違が衝突している。そしてフランスにおいては、社会の進歩と世俗主義の一体性が、イスラーム的社会観と衝突しているのである。

以上が対立の構造的要因である。今、二つの文明世界に、各々、共生のための新たな思想と制度を創りだすことが求められている。

そのために、ヨーロッパ世界は、人間の理性を拠りどころとして創り上げた西洋文明が持つ「力」を自覚するところから始めなければならない。衝突と和解を繰り返してきたヨーロッパが、初めて異なる文明との間に和解を実現できるかどうかはこの点にかかっている。

イスラーム世界とムスリムの側もまた、ものごとの道理を神の定めに帰すという観念が、西欧社会には受け入れられないことを自覚しなければならない。神の定めの不変性と無謬性を絶対のものとする限り、これを相対化してきたヨーロッパとの間に限りない緊張関係をつくり出すことになる。

　両者の自覚なくして、ヨーロッパとイスラームの関係は、相克の時代から、対話の時代への転換を図ることはできないのである。

あとがき

本書を構想したとき、私は、まだヨーロッパとイスラームという二つの文明世界のあいだに、対話と共存の可能性を模索していた。思索のレベルでいうなら、その模索はいまだに続けている。しかし、これを書いている二〇〇四年の六月、世界の現状が、一歩ずつ共存から衝突へと向かっているようにみえるのは、実に気の重いことである。

ここ数年、ユネスコや欧州評議会などさまざまな場で、ヨーロッパとイスラームの共生について講演する機会を得た。そのつど、国家の主権を絶対のものとし、国家を単位として世界を見るという発想では、人間としてのムスリムを知ることができない、ムスリムという人間を知らないまま、アメリカとその同盟国の中東政策が次々と繰り出されるところに、今日の衝突の原因があることを説いてきた。

理性を過信すると、理性を過信しないムスリムの人間像を見失う。この点も指摘し続けたが、理性の優位を確信するヨーロッパの人びとの理解を得るのは難しい。それは、私もよく承知している。それでもなお、ムスリムという人間を知るためには、西欧近代以来の知の体系を相対化する、あるいは向こう岸から眺め直す努力をしなければならないと考えている。このことは、ヨーロッパ世界のみならず、日本にとっても当てはまる。十二億を超えるムスリムとの共生は、もはや好き嫌いや、優劣の次元で論じうるような外界の課題ではない。イラク情勢やテロ対策をみても、日本社会はきわめて内向きな解釈と論争に終始している感をぬぐえない。情緒的な国民性ゆえに仕方ないなどとは到底言いえぬ事態に、今、私たちは直面しているのである。

国際化やグローバリゼーションはビジネスの世界では合言葉と化したが、一人の人間として、今日の世界をどう分析し評価するのかという視点を、いまだ日本人の多くは持っていないように思われる。遅れているとか、「普通の国」として未成熟だと言うのではない。むしろ、多くの情報だけが頭上を素通りしていくばかりで、それを把握して自ら判断するための方法が身についていないのである。

サンフランシスコ講和条約以来、アメリカとの強固な同盟関係は日本外交の基調であった。だが、同盟の一方の当事者が、イスラーム世界との間に衝突を引き起こしつつある現在、日本人も、国家間の関係だけをみて世界を理解したつもりになる習性から脱却せねばならない。ムスリムとの関係は、地球規模の安全保障にとって要である。世界を見る視点を、今一度、国家から人間に引き戻すことが必要なのである。

過去十五年あまり、私は、一橋大学社会学部のゼミナールで一年間勉強した学生たちと共にベルリン、アムステルダム、パリ、ストックホルム、ジュネーブなどを訪れて、現地に暮らすムスリム移民との対話を重ねてきた。ムスリムが、異文化社会のなかで、いかに生きているのかを知るためである。同時に、ホスト社会の人たちとも対話を重ねてきた。移民たちを、どう見ているのかを知るためである。

このフィールドワークは、私個人が学術調査で訪れるときよりも、移民たちの多様な姿に触れる機会となった。学生たちの問題関心は、当然、私一人よりも幅が広く、あるときは芸術家と出会い、あるときは政治家と討論を重ねた。その意味で、本書は、研究者としての私個人の仕事ではなく、教育の場を通じての学生とのコラボレーションの成果でもある。本書の写真にもゼミナールの学生が撮影したものを使わせていただいた。学生たちの中からは、その後、ヨーロッパやイスラームの研究者となり、新たな知見を提供してくれた人もいる。オランダの最新の事情については、日本学術振興会特別研究員の久保幸恵氏から示唆を受けた。フランスについては、パリ社会科学高等研究院に留学中の荒又美陽氏が最新の情報を提供してくれた。二人に感謝の意を表したい。実践的教育の場としてのゼミナールの伝統をもつ一橋大学に在職できたことが幸いであったことは言うまでもない。

本書では、具体例の検討をドイツ、オランダ、フランスの三か国にしぼった。本書では取り上げなかったが、ヨーロッパの大国であるイギリスは、移民政策の類型でいえば、オランダの多文化主義型に近い。イギリスに暮らすムスリム移民の多数は、インドやパキスタン、バングラデシュなど、旧植民地からの移民である。イギリスの移民政策自体が、大英帝国のアジア・アフリカ支配の歴史と深く関わっている。イスラームとの関係よりも、旧植民地(英連邦)出身者としての特殊な地位に焦点を当てる必要があるため、紙幅の関係から割愛せざるをえなかった。いずれ稿を改めて論じたいと思う。

二十世紀の末から、移民が急増し、イスラーム問題に直面するようになったイタリアやスペインなど南欧諸国についても実態調査を急がねばならない。両国とも、カトリック教会の社会的影響力は本書でとりあげた国々よりも強い。ローマ法王ヨハネ・パウロ二世は、イスラームとの和解を呼びかけたが、ヨーロッパ最大の惨事となったテロ事件は、スペインの首都で起きてしまった。キリスト教というものが、ヨーロッパとイスラームの関係に、今後どのような影響を及ぼしていくのかを考えるとき、南欧地域の動向は重要な意味をもつ。

北欧諸国については、スウェーデンやデンマークが、一九七〇年代から移民や難民を積極的に受け入れてきた。人権外交を掲げてきた北欧諸国は、国際政治の舞台において覇権主義的な行動をとらなかった。そのことが、国内の移民政策にも反映されて、移民やその文化に対しても寛容であった。だが、オランダ同様、寛容をどこまで持ちこたえることができるのかを注目していく必要がある。

ＥＵの東方拡大が進むにつれて、ヨーロッパは中東・イスラーム世界に隣接している実感を得ることになろう。域内において、衝突と和解を繰り返し、今日のＥＵを実現したヨーロッパは、隣人としてのイスラーム世界とのあいだに、真の和解を実現することができるのだろうか。日本社会は、ヨーロッパの現実のなかから、イスラーム社会との関係について、多くの問題と解決の方法を学び取ることができるはずである。

本書の基底には、東京大学教養学部教養学科の科学史・科学哲学分科で伊東俊太郎教授から受けた文明交渉史と科学史の講義がある。本書の序章を、科学史における東西交渉の歴史から書き始めたのは、今日、水と油のように言われるイスラームとヨーロッパのあいだに壮大な交流の歴史があったことを思い起こすためであった。伊東教授によって手ほどきを受けたアラビア科学史の道には進まなかったが、境界領域を開拓するようにと激励されたことに、その後の私の学問の方向性は大きな影響を受けた。

その後、シリアのオアシスで沙漠化の研究を行い、中東における国家統合のプロセスを研究し、さらに中東の文化を構成するもう一つの要素であるトルコにフィールドを移し、トルコ出身者が集中するヨーロッパへと渡った。ダマスカス、アンカラ、ベルリンと各地を歩き回り、言葉を学び、人間の声の中から、自分の研究方法を開拓していった。大学入学当初は理系であったから、自然科学、人文科学、そして社会科学へと領域を横断したことになる。そして、既存のディシプリンでは見落とされてきた現象の探究に努めてきた。

私はいくつかの学会に所属しているが、学会ごとに制度化された学問領域にしばられたくないと思いつづけてきた。その意味で、私の研究方法は、何々学というディシプリンに分類できない。人間、社会、国家、国際関係を縦横に行き来するなかで、私は、自分の聞きたいことよりも、対話の相手が語りたいことを聞くようになっていった。学問の枠組みのなかで調査や研究をしていると、そのディシプリンからはずれた現象に眼を向けなくなることに気づかされたからである。読み書きもままならない移民から国家の指導者にいたるまで、あらゆる人間と対話を重ねることで、独自の視角と方法を考えださないと、問題に直面する人間の姿を見失ってしまう。情熱、悲哀、鬱屈、狡猾、さまざまな人間の本性があふれる対話こそ、私の研究方法の中軸をなしている。

自分の研究について西洋近代に起源をもつ学問分類に身を任せることは、ついにできなかった。おまえのディシプリンは何かという問いほど私を滅入らせるものはない。たえず現実と人間とに焦点を当てて同時代の証言を集め、一歩ひいて、それを俯瞰し再構築するのが私の方法である。人間と社会を探求するにあたって、イデオロギーやディシプリンに束縛された方法によることの危険性を教えてくれたのも、私の対話の相手となってくれた人びとであった。

そういう枠組みに依拠して書いたほうが、話を単純化できることは知っているが、そこからこぼれおちる現実を捨て去ることはどうしてもできなかった。本書が、近年の新書の傾向に反して読みにくいものになっているとしたら、その責任は著者である私にある。だが、西欧世界が生み出してきた民主主義や人権を何の疑問も抱かずに押しつけたり、逆に、イスラームはそれらと親和性がないと断じてしまうならば、イスラーム教徒の人間像に迫れないだけでなく、今日の世界の状況を見誤る原因になると私は考えている。

本書の刊行に当たって、多大のお世話になったのは、新書編集部の早坂ノゾミ氏である。激しい状況の変化のなかで、数々の適切な指摘と助言をいただいたことに対して、心から感謝申し上げたい。

二〇〇四年六月

内藤正典

内藤正典

1956年 東京都に生まれる
1979年 東京大学教養学部教養学科卒業(科学史・科学哲学分科)
1982年 東京大学大学院理学系研究科地理学専門課程中退
博士(社会学)
専攻—イスラーム地域研究
現在—同志社大学大学院グローバル・スタディーズ研究科教授
著書—『アッラーのヨーロッパ』(東京大学出版会)
『絨毯屋が飛んできた』
『トルコのものさし日本のものさし』(以上筑摩書房)
『なぜイスラームと衝突するのか』(明石書店) ほか

ヨーロッパとイスラーム　　岩波新書(新赤版)905

2004年8月20日　第1刷発行
2023年7月14日　第14刷発行

著　者　内藤正典《ないとうまさのり》

発行者　坂本政謙

発行所　株式会社 岩波書店
〒101-8002 東京都千代田区一ツ橋 2-5-5
案内 03-5210-4000　営業部 03-5210-4111
https://www.iwanami.co.jp/

新書編集部 03-5210-4054
https://www.iwanami.co.jp/sin/

印刷・理想社　カバー・半七印刷　製本・中永製本

ISBN 978-4-00-430905-5　　Printed in Japan

岩波新書新赤版一〇〇〇点に際して

ひとつの時代が終わったと言われて久しい。だが、その先にいかなる時代を展望するのか、私たちはその輪郭すら描きえていない。二〇世紀から持ち越した課題の多くは、未だ解決の緒を見つけることのできないままであり、二一世紀が新たに招きよせた問題も少なくない。グローバル資本主義の浸透、憎悪の連鎖、暴力の応酬――世界は混沌として深い不安の只中にある。

現代社会においては変化が常態となり、速さと新しさに絶対的な価値が与えられた。消費社会の深化と情報技術の革命は、種々の境界を無くし、人々の生活やコミュニケーションの様式を根底から変容させてきた。ライフスタイルは多様化し、一面では個人の生き方をそれぞれが選びとる時代が始まっている。同時に、新たな格差が生まれ、様々な次元での亀裂や分断が深まっている。社会や歴史に対する意識が揺らぎ、普遍的な理念に対する根本的な懐疑や、現実を変えることへの無力感がひそかに根を張りつつある。そして生きることに誰もが困難を覚える時代が到来している。

しかし、日常生活のそれぞれの場で、自由と民主主義を獲得し実践することを通じて、私たち自身がそうした閉塞を乗り超え、希望の時代の幕開けを告げてゆくことは不可能ではあるまい。そのために、いま求められていること――それは、個と個の間で開かれた対話を積み重ねながら、人間らしく生きることの条件について一人ひとりが粘り強く思考することではないか。その営みの糧となるものが、教養に外ならないと私たちは考える。歴史とは何か、よく生きるとはいかなることか、世界そして人間はどこへ向かうべきなのか――こうした根源的な問いとの格闘が、文化と知の厚みを作り出し、個人と社会を支える基盤としての教養となった。まさにそのような教養への道案内こそ、岩波新書が創刊以来、追求してきたことである。

岩波新書は、日中戦争下の一九三八年一一月に赤版として創刊された。創刊の辞は、道義の精神に則らない日本の行動を憂慮し、批判的精神と良心的行動の欠如を戒めつつ、現代人の現代的教養を刊行の目的とする、と謳っている。以後、青版、黄版、新赤版と装いを改めながら、合計二五〇〇点余りを世に問うてきた。そして、いままた新赤版が一〇〇〇点を迎えたのを機に、人間の理性と良心への信頼を再確認し、それに裏打ちされた文化を培っていく決意を込めて、新しい装丁のもとに再出発したいと思う。一冊一冊から吹き出す新風が一人でも多くの読者の許に届くこと、そして希望ある時代への想像力を豊かにかき立てることを切に願う。

（二〇〇六年四月）

岩波新書より

世界史

スペイン史10講　立石博高
ヒトラー　芝　健介
ユーゴスラヴィア現代史〔新版〕　柴　宜弘
東南アジア史10講　古田元夫
チャリティの帝国　金澤周作
太平天国　菊池秀明
ドイツ統一　アンドレアス・レダー　板橋拓己訳
人口の中国史　上田　信
カエサル　小池和子
世界遺産　中村俊介
奴隷船の世界史　布留川正博
独ソ戦　絶滅戦争の惨禍　大木　毅
イタリア史10講　北村暁夫
フランス現代史　小田中直樹
移民国家アメリカの歴史　貴堂嘉之
フィレンツェ　池上俊一

マーティン・ルーサー・キング　黒﨑　真
ナポレオン　杉本淑彦
ガンディー　平和を紡ぐ人　竹中千春
イギリス現代史　長谷川貴彦
ロシア革命　破局の8か月　池田嘉郎
天下と天朝の中国史　檀上　寛
孫　文　深町英夫
古代東アジアの女帝　入江曜子
新・韓国現代史　文　京洙
ガリレオ裁判　田中一郎
人間・始皇帝　鶴間和幸
袁世凱　岡本隆司
二〇世紀の歴史　木畑洋一
イギリス史10講　近藤和彦
植民地朝鮮と日本　趙　景達
シルクロードの古代都市　加藤九祚
中華人民共和国史〔新版〕　天児　慧
物語 朝鮮王朝の滅亡◆　金　重明

新・ローマ帝国衰亡史　南川高志
近代朝鮮と日本　趙　景達
マヤ文明　青山和夫
北朝鮮現代史◆　和田春樹
四字熟語の中国史　冨谷　至
李鴻章　岡本隆司
新しい世界史へ　羽田　正
パル判事　中里成章
グランドツアー　18世紀イタリアへの旅　岡田温司
マルコムX　荒このみ
パリ　都市統治の近代　喜安　朗
ノモンハン戦争　モンゴルと満洲国　田中克彦
中国という世界　竹内　実
ウィーン　都市の近代　田口　晃
紫禁城　入江曜子
ジャガイモのきた道　山本紀夫
北　京　春名　徹
創氏改名　水野直樹

岩波新書より

フランス史10講　柴田三千雄
地　中　海　樺山紘一
韓国現代史◆　文　京　洙
多神教と一神教　本村凌二
奇人と異才の中国史　井波律子
ドイツ史10講　坂井榮八郎
ナチ・ドイツと言語　宮田光雄
ニューヨーク◆　亀井俊介
離散するユダヤ人　小岸　昭
アメリカ黒人の歴史〔新版〕　本田創造
ゴマの来た道　小林貞作
文化大革命と現代中国　安藤正士　太田勝洪　辻　康吾
フットボールの社会史　F.P.マグーンJr　忍足欣四郎訳
コンスタンティノープル千年　渡辺金一
ペスト大流行　村上陽一郎
ピープス氏の秘められた日記　臼田　昭
西部開拓史　猿谷　要

中世ローマ帝国　渡辺金一
モロッコ　山田吉彦
シベリアに憑かれた人々　加藤九祚
インカ帝国　泉　靖一
中国の隠者　富士正晴
漢の武帝◆　吉川幸次郎
孔　子　貝塚茂樹
中国の歴史 上・中・下◆　貝塚茂樹
インドとイギリス　吉岡昭彦
フランス革命小史◆　河野健二
魔女狩り　森島恒雄
ヨーロッパとは何か　増田四郎
世界史概観 上・下　H.G.ウェルズ　長谷部文雄　阿部知二訳
歴史の進歩とはなにか◆　市井三郎
歴史とは何か　E.H.カー　清水幾太郎訳
チベット　多田等観
奉天三十年 上・下　クリスティー　矢内原忠雄訳
ドイツ戦歿学生の手紙　ヴィットコップ編　高橋健二訳

アラビアのロレンス 改訂版　中野好夫

シリーズ 中国の歴史

中華の成立 唐代まで　渡辺信一郎
江南の発展 南宋まで　丸橋充拓
草原の制覇 大モンゴルまで　古松崇志
陸海の交錯 明朝の興亡　檀上　寛
「中国」の形成 現代への展望　岡本隆司

シリーズ 中国近現代史

清朝と近代世界 19世紀　吉澤誠一郎
近代国家への模索 1894-1925　川島　真
革命とナショナリズム 1925-1945　石川禎浩
社会主義への挑戦 1945-1971　久保　亨
開発主義の時代へ 1972-2014　高原明生　前田宏子
中国の近現代史をどう見るか　西村成雄

(2021.10)　◆は品切，電子書籍版あり．　(O2)

岩波新書より

シリーズ アメリカ合衆国史

植民地から建国へ 19世紀初頭まで　和田光弘

南北戦争の時代 19世紀　貴堂嘉之

20世紀アメリカの夢 世紀転換期から一九七〇年代　中野耕太郎

グローバル時代のアメリカ 冷戦時代から21世紀　古矢旬

社会

ジョブ型雇用社会とは何か	濱口桂一郎
法医学者の使命 「人の死を生かす」ために	吉田謙一
異文化コミュニケーション学	鳥飼玖美子
モダン語の世界へ	山室信一
時代を撃つ ノンフィクション100	佐高信
労働組合とは何か	木下武男
プライバシーという権利	宮下紘
地域衰退	宮崎雅人
江戸問答	田中優子 松岡正剛
広島平和記念資料館は問いかける	志賀賢治
コロナ後の世界を生きる	村上陽一郎編
リスクの正体	神里達博
紫外線の社会史	金凡性
「勤労青年」の教養文化史	福間良明
5G 次世代移動通信規格の可能性	森川博之
客室乗務員の誕生	山口誠
「孤独な育児」のない社会へ	榊原智子
放送の自由	川端和治
社会保障再考 〈地域〉で支える	菊池馨実
生きのびるマンション	山岡淳一郎
虐待死 なぜ起きるのか、どう防ぐか	川崎二三彦
平成時代	吉見俊哉
バブル経済事件の深層	奥山俊宏 村山治
日本をどのような国にするか	丹羽宇一郎
なぜ働き続けられない？ 社会と自分の力学	鹿嶋敬
物流危機は終わらない	首藤若菜
認知症フレンドリー社会	徳田雄人
アナキズム 一丸となってバラバラに生きろ	栗原康
まちづくり都市 金沢	山出保
総介護社会	小竹雅子
賢い患者	山口育子
住まいで「老活」	安楽玲子
現代社会はどこに向かうか	見田宗介
EVと自動運転 クルマをどう変えるか	鶴原吉郎
ルポ 保育格差	小林美希
棋士とAI	王銘琬
科学者と軍事研究	池内了
原子力規制委員会	新藤宗幸
東電原発裁判	添田孝史
日本問答	田中優子 松岡正剛
日本の無戸籍者	井戸まさえ
〈ひとり死〉時代のお葬式とお墓	小谷みどり
町を住みこなす	大月敏雄
歩く、見る、聞く 人びとの自然再生	宮内泰介
対話する社会へ	暉峻淑子
悩みいろいろ	金子勝
魚と日本人 食と職の経済学	濱田武士
ルポ 貧困女子	飯島裕子

岩波新書より

鳥獣害 動物たちと、どう向きあうか	祖田 修
科学者と戦争	池内 了
新しい幸福論	橘木俊詔
ブラックバイト 学生が危ない	今野晴貴
原発プロパガンダ	本間 龍
ルポ 母子避難	吉田千亜
日本にとって沖縄とは何か	新崎盛暉
日本病 長期衰退のダイナミクス	金子 勝、児玉龍彦
雇用身分社会	森岡孝二
生命保険とのつき合い方	出口治明
ルポ にっぽんのごみ	杉本裕明
鈴木さんにも分かる ネットの未来	川上量生
地域に希望あり	大江正章
世論調査とは何だろうか	岩本 裕
フォト・ストーリー 沖縄の70年	石川文洋
ルポ 保育崩壊	小林美希
多数決を疑う 社会的選択理論とは何か	坂井豊貴

アホウドリを追った日本人	平岡昭利
朝鮮と日本に生きる	金 時鐘
被災弱者	岡田広行
農山村は消滅しない	小田切徳美
復興〈災害〉	塩崎賢明
「働くこと」を問い直す	山崎 憲
原発と大津波 警告を葬った人々	添田孝史
縮小都市の挑戦	矢作 弘
福島原発事故 被災者支援政策の欺瞞	日野行介
日本の年金	駒村康平
食と農でつなぐ 福島から	塩谷弘康、岩崎由美子
過労自殺〔第二版〕	川人 博
金沢を歩く	山出 保
ドキュメント 豪雨災害	稲泉 連
ひとり親家庭	赤石千衣子
女のからだ フェミニズム以後	荻野美穂
〈老いがい〉の時代	天野正子
子どもの貧困Ⅱ	阿部 彩

性と法律	角田由紀子
ヘイト・スピーチとは何か	師岡康子
生活保護から考える◆	稲葉 剛
かつお節と日本人	宮内泰介、藤林 泰
家事労働ハラスメント	竹信三恵子
福島原発事故 県民健康管理調査の闇	日野行介
電気料金はなぜ上がるのか	朝日新聞経済部
おとなが育つ条件	柏木惠子
在日外国人〔第三版〕	田中 宏
まち再生の術語集	延藤安弘
震災日録 記憶を記録する	森 まゆみ
原発をつくらせない人びと	山秋 真
社会人の生き方	暉峻淑子
構造災 科学技術社会に潜む危機	松本三和夫
家族という意志	芹沢俊介
ルポ 良心と義務	田中伸尚
飯舘村は負けない	千葉悦子、松野光伸
夢よりも深い覚醒へ	大澤真幸

岩波新書より

東京国税局査察部	立石勝規
バリアフリーをつくる	光野有次
ドキュメント 屠場	鎌田慧
能力主義と企業社会	熊沢誠
現代社会の理論	見田宗介
原発事故を問う	七沢潔
災害救援	野田正彰
スパイの世界	中薗英助
都市開発を考える	大野輝之 レイコ・ハベ・エバンス
ディズニーランドという聖地	能登路雅子
原発はなぜ危険か	田中三彦
豊かさとは何か	暉峻淑子
農の情景	杉浦明平
異邦人は君ヶ代丸に乗って	金賛汀
読書と社会科学	内田義彦
科学文明に未来はあるか	野坂昭如編著
文化人類学への招待◆	山口昌男
ビルマ敗戦行記	荒木進
プルトニウムの恐怖	高木仁三郎

日本の私鉄	和久田康雄
社会科学における人間	大塚久雄
沖縄ノート	大江健三郎
音から隔てられて	入谷仙介 林瓢介編
民話	関敬吾
唯物史観と現代〔第二版〕	梅本克己
民話を生む人々	山代巴
死の灰と闘う科学者	三宅泰雄
米軍と農民	阿波根昌鴻
沖縄からの報告	瀬長亀次郎
結婚退職後の私たち	塩沢美代子
暗い谷間の労働運動	大河内一男
ユダヤ人	J-P・サルトル 安堂信也訳
社会認識の歩み	内田義彦
社会科学の方法	大塚久雄
自動車の社会的費用◆	宇沢弘文
上海	殿木圭一
現代支那論	尾崎秀実

岩波新書／最新刊から

1969 会社法入門 第三版　神田秀樹著

令和元年改正を織り込むほか、DXやサステナビリティなどの国際的な潮流に対応して進化を続ける会社法の将来も展望する。

1970 動物がくれる力 ―教育、福祉、そして人生　大塚敦子著

犬への読み聞かせは子供を読書へ誘い、若者は保護犬をケアし生き直す。高齢者は犬や猫と豊かな日々を過ごす。人と動物の絆とは。

1971 優しいコミュニケーション ―「思いやり」の言語学―　村田和代著

日常の雑談やビジネス会議、リスクコミュニケーションなどを具体的に分析し、「人に優しい話し方・聞き方」を考える。

1972 まちがえる脳　櫻井芳雄著

人がまちがえるのは脳がいいかげんなせい。だからこそ新たなアイデアを創造する。脳の真の姿を最新の研究成果から知ろう。

1973 敵対的買収とアクティビスト　太田洋著

多くの日本企業がアクティビスト（物言う株主）による買収の脅威にさらされるなか、彼らと対峙してきた弁護士が対応策を解説。

1974 持続可能な発展の話 ―「みんなのもの」の経済学―　宮永健太郎著

サヨナラ、持続〈不〉可能な発展――。「みんなのもの」という視点から、SDGsの次の時代における人類と日本の未来を読み解く。

1975 皮革とブランド ―変化するファッション倫理　西村祐子著

ファッションの必需品となった革製品は、自然破壊、動物愛護、大量廃棄といった倫理的な問題とどう向き合ってきたのか。

1976 カラー版 名画を見る眼Ⅰ ―油彩画誕生からマネまで―　高階秀爾著

西洋美術史入門の大定番。レオナルド、フェルメール、ゴヤなど、絵画を楽しむための基礎を示し、読むたびに新しい発見をもたらす。

(2023.6)